図書館魔女の本の旅

大島真理

図書館魔女の本の旅

〈目　次〉

パートⅠ ❖ 魔女の本棚

〜司書は言葉で魔女になる〜

目次

パートⅡ❖本棚からこぼれ落ちたもの

〜旅と映画そして図書館〜

目次

パートⅢ❖いつも本をそばに
〜私のブックレビュー〜

目次

目次

本文パートⅡの写真撮影 著者

表紙カバー　魔女人形製作：グリーンサム　飯島 都陽子

パートI ❖ 魔女の本棚

～司書は言葉で魔女になる～

「ネ　ロ——愛された小さな犬に

ネロ
もうじき又夏がやってくる
……
お前はたつた二回程《ほど》夏を知つただけだつた
僕はもう十八回の夏を知つている
そして今僕は自分のや又自分のでないいろいろの夏を思い出している
メゾンラフイツトの夏
淀《よど》の夏
ウイリアムスバーグ橋の夏
オランの夏
……
」

（『谷川俊太郎詩集』大岡信解説　角川文庫　１９６８）

大学2年の時にこの詩集を手にした。「二十億光年の孤独」など、スケールの大きさと硬質な言葉の美しさに圧倒された詩集、これを皮切りに生涯多くの彼の詩を読み影響を受けることになる。

その花片は
海岸のビルの八階あたりの窓から
ピアニシモのアルペジオで僕に散りかかってきた

「郷愁」より

あの青い空の波の音が聞えるあたりに
何かとんでもないおとし物を
僕はしてきてしまったらしい
透明な過去の駅で
遺失物係《いしつぶつ》の前に立ったら
僕は余計に悲しくなってしまった

「かなしみ」より

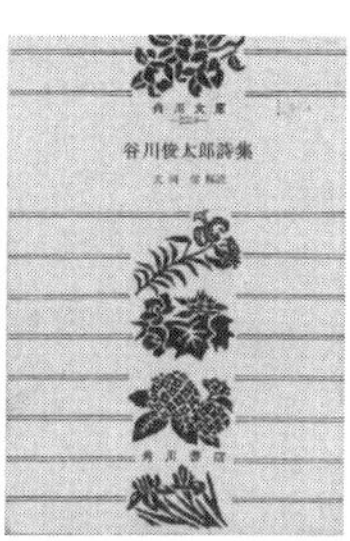

角川書店刊

言葉も表現方法もモダンで都会の匂いがして、明るい爽やかさに満ちたそれらの詩は、田舎出で、地方都市に暮らすものには、まぶしすぎた。

そして冒頭の詩、「メゾンラフイットの夏」、高校の頃入れ込んでいた『チボー家の人々』、ジャックとジェンニーの運命的でピュアな切ない青春の恋、その舞台がメゾンラフィットであり、そのひと夏の思い出であった。その言葉だけで、「ネロ」は私を魅了するに十分だった。いや、それでは言葉が足りない。まさにその言葉に打たれたと言っていい。何気なく過ぎてゆく時の中に刻まれた、一つひとつの夏への思い、その詩に出てくる各々の夏に思いをはせた。オランの夏は、カミュの『ペスト』の舞台、仏領アルジェリアの都市の名である。しかし、いくら探しても「ウイリアムスバーグ橋」の謎はとけなかった。業を煮やして詩人に手紙を書いた。

その事実を知ったとて、文学作品を理解するには些末なこと、芯の事とは違うとは思うけれども、なぜかこの夏の意味だけは知りたかった。幸運にも谷川氏は返事をくれた。その手紙は大事にしまい過ぎて現在ではどこかに行ってしまっているが……。

「淀の夏」は幼児期を過ごした大阪の夏、母上の郷里だったとか。そして「ウイリアムスバーグ橋の夏」は、映画『裸の町』（ジュールス・ダッシン監督1948）に出てくるイースト川にかかる橋、これは犯罪映画、終盤近く犯人がその橋で追いつめられるシーンである。真夏の照り返し、むせかえるような熱気が迫る。

1999年末、電車でニューヨークからボストンへ向かっていた。車窓からマンハッタンを横切るように吊り橋が見えた。旅の相棒が「あの橋何て言うのかな」と言うので地図を見た。驚いて思わずうめき声が出た。地図に記されていたのは「ウイリアムスバーグ橋」。だから旅はやめられない。

2004年発行の『世界の映画ロケ地大事典』（晶文社）で、それが確認できる。そしてまだ後日談がある。映画『ニューヨーク　眺めのいい部屋売ります』で映し出された橋、マンハッタンを背景に美しいフォルムを見せる。映画のキーにもなったそれは、また別の物語を運んだ。

リアルな思い出、フィクション、映画、それぞれの夏をいとも無造作にかき集めて一つにする凄さ、夏のイメージは宇宙の一点となる。

「いま曲がりかどにきたのよ。曲がりかどを曲がったさきになにがあるのかは、わからないの。でも、きっといちばんよいものにちがいないと思うの」

（『赤毛のアン物語』モンゴメリー原作
村岡花子訳　講談社　１９５４）

手元にあるこの本は、紙が劣化して小口がすべて茶色と化し、最初の数頁は欠落している。初版は1954年であるが、1957年五刷のものである。10歳くらいでこの本を読んだのかと驚きであるが、多分にそれ以後の人生に多大な影響を与えた一冊である。因みにこの本は、父の知人からのプレゼントであった。

『「赤毛のアン」の挑戦』（横川寿美子著　宝島社）という、煽情的なタイトルの本が1994年に出版された。この本もメルクマールとなる本であった。なぜ少女は『赤毛のアン』に惹かれるのか、その謎こそ最も私が知りたいことであった。性急な答えを探して、むさぼるように読んだ記憶がある。

冒頭の文章に戻ろう。中学時代、学校を病弱で休むことが多かった私は、鬱屈した気分から抜け出そうと何度目かの『赤毛のアン』を読んでいた。将来の不安にかき消されそうになりながら、曲がりかどの先には、また別の道が開けるのだという発見は、一筋の光のようだった。思春期の心もとない思いを照らす希望だった。当時は気づかなかったが、言葉が与えてくれた大きな力は、なによりも生きる糧となった。

講談社刊

そして時は流れる。『赤毛のアン』は続編もすべて読破した。原書でも読み、1993年松本侑子の新訳（集英社）も読んだ。アニメは見なかったが、公開された映画もTVドラマもほとんど見ている。

でも結局その魅力は、最初の書『赤毛のアン』に尽きるのである。赤毛をなじられてギルバートの頭で石盤を割った少女、次の日から学校を休むという宣言をする。こんな潔いヒロイン像は、それまでなかった。従来の「女らしさ」とは全く違う。子ども心にも新鮮だった。次々と失敗ばかりするけれど、想像力ですべてを補う孤児、その出自にもかかわらず、養子先のマリラとマシュウ兄妹をも虜にする不思議な魅力、いくら分析してみてもやはり謎である。

『「赤毛のアン」の挑戦』に刺激を受け、その頃から児童文学のヒロイン像に焦点をあてて文献を集めていた。『若草物語』のジョーに始まり、『クローディアの秘密』やリンドグレーンの作品『名探偵カッレくん』のエーヴァ・ロッタなどから、女子像は確実に変化し始めたと思った。一方『赤毛のアン』の舞台、プリンス・エドワード島へ大挙しておしよせる日本の女性たちに、現地の人々のこんな辛辣な言葉があった。訪れる彼女たちは「成熟していない女性」に映ったのだ。

再度『「赤毛のアン」の挑戦』に戻ろう。アンは選ばれた道を行く少女、その世界には葛藤がない、故に読者にも葛藤がない。だから「赤毛のアン」は明るい。それが逃避行動だとしても、せめられるだろうか。生きにくさを乗り越えるには必要なのではないかと、著者の横川は綴る。

「少女が、女が、確固たる自己を掲げ、それを主張することが広く是認されるようになったとき、逆に言えば、とくに烈しい自己主張をしなくても、自分の思いを通すことができるようになったとき、少女たちは『赤毛のアン』を読むことをやめるかもしれないと」

現代、果たしてその人気はいかほどなのだろう。われわれ団塊の世代とは明らかに違ってはいるだろうが、少女たちの置かれた位置は、果たして好ましい方向へ向かっているのだろうか。

ロールモデルがいない戦後の日本において、『赤毛のアン』はその役割を果たしてきた。それまでにない少女像と西洋への憧れとが相まって、希望の光であったことは断言できる。

「どうぞこのくまのめんどうをみてやってください。おたのみします」

（『くまのパディントン』マイケル・ボンド作　ペギー・フォートナム画
松岡享子訳　福音館書店　１９６７）

ロンドンのパディントン駅に降り立った時、思わず駅構内をキョロキョロ見回した思い出がある。あゝ、パディントンはペルーからここに着いたのだなぁ、と。前述のセリフは老グマホームに入ったルーシーおばさんが書いてくれたものである。そしてこのクマの物語が私の方へやってきたのは、もう一つの物語が介在するのだ。それは『私のアンネ＝フランク』（松谷みよ子著　司修絵　偕成社　1979）である。このような本からの導きは、至福の一つとも言える。

『アンネの日記』を主軸にして、直樹とゆう子の母蕗子（ルポライター）がアウシュビッツへの取材に出かけるという展開を見せるこの本、アンネの生年と蕗子のそれが同じという偶然もあり、またゆう子が13歳、アンネ・フランクが『アンネの日記』を書いた歳とも重なる。ゆう子と蕗子がアンネへの手紙という形式をとり、ナチスの台頭した第二次世界大戦の背景を描く。日本の民話とも絡めて、戦争が残したものを見つめる児童文学の秀作である。

ゆう子が風邪をひいた時、蕗子が読んでくれたものが『くまのパディントン』だった。蕗子がアウシュビッツからベルリンへ回り、ベルリンの壁（この本が出版された当時、ドイツは東西に分断されていた）を見て疲れ切ったとこ

福音館書店刊

ろ、街角の本屋でパディントンのぬいぐるみを買う場面がある。ゆう子へのお土産だ。

導入部分が長くなったが、この本を読んだ当時（1979年）、児童書にかけては初心者、全く初めてお目にかかる本と作者だったが、その絵とともに一瞬にして主人公に魅了された記憶がある。なんとも奇妙な帽子をかぶったクマ、それも「暗黒の地ペルー」からやってきた密航者、移民したのだというではないか。

イギリスの児童文学はクマのプーさんといい、このパディントンといい、魅力的な主人公、子どものみではなく大人をも魅了する摩訶不思議なクマ像には舌を巻くばかりである。敷衍《ふえん》すれば、主人公の動物や子どもに対し、大人側は個としての尊重があり、決して軽視しない姿勢が一貫している。

ブラウンさん一家という家族を得て、友人もできたパディントンの引き起こす騒動が楽しい。世界をカオスにしてしまうが、本人はいたって正常である。彼は常に臆することなく、いつも堂々としているのである。人に対しても、その事件に対処する時も。騒動が起きてハラハラするが、視点を変えることで、柔らかな見方を与えてくれる。『私のアンネ＝フランク』ではゆう子の風邪薬になる。メリー・ポピンズもそうであるが、家族に訪れる魔法の役割を担って、パディントンは、はるばるペルーから渡航したらしい。深読みすれば、移民の問題や、異質なものを受容することをもやんわりと示唆する。

因みに、当時は東京のソニープラザでしか販売していなかったぬいぐるみを求めて、今に至る。黄色の帽子も水色のダッフルコートもすっかり色あせてはいるけれども……。そして現在ではロンドンのパディントン駅には、彼の像があるそうだ。一度は乗りたいという希望もむなしく、廃止になったオリエント急行の発着駅もそこである。

さらに蛇足であるが、児童文学そしてミステリ小説はイギリスの右に出るものはないと改めて思うところである。

「砂漠《さばく》が美《うつく》しいのは、どこかに井戸《いど》をかくしているからだよ……」

（『星の王子さま』サン＝テグジュペリ作　内藤濯訳
岩波書店　1953）

冴えないタイトルだが、『アラビアの女王』という映画を見た。『アラビアのロレンス』の女性版というか、砂漠に魅せられ諜報員となり、考古学者でもあったガートルード・ベルという実在の英国貴婦人の物語であった。過酷な状況を踏まえながらも、砂漠に分け入り、そこに住む部族の人々との交わりが描かれる。なぜなのか、砂漠に魅了されたとしか言いようのない心情、類まれな美しい砂漠の映像も見ものだったが、やはり砂漠に見えない何かが潜んでいるのかと、『星の王子さま』を思い出した。「砂漠が美しいのは、どこかに井戸をかくしているからだよ……」。

若い頃といっても大学を卒業した頃、手に取った本である。ある種ブームになりかけの頃、確かにいいけどというくらいの感想で深く読み込むことがなかった。いや、なんというかひどく物悲しくて、放り出してしまったのである。

時が流れ、ゼミのブックレビューでこの本を取り上げた学生がいた。再読した。どこかで忌避《きひ》していたものと向き合い、なぜか心洗われるような清々しさがあった。それは別れの場面に凝縮されていた。キツネが「ああ！……きっと、おれ、泣いちゃうよ」の後、王子さまは言う。「じゃ、なんにもいい

岩波書店刊

ことはないじゃないか」「いや、ある。麦ばたけの色が、あるからね」。

改めて、人を愛することの本質を突き付けられた気がした。変なキツネと思っていた登場人物が語る、人や物が特別なものになること、それはどうやったら醸成されるのかを、しっかりと物語は語っていたのである。しんぼうが大事。同じ時間に来て。そばにすわるという行為。言葉はいらない。繰り返しの行為。それで少しずつ少しずつ心の距離が縮まってゆく。夫婦、恋人、友人でもこれは真実、どれだけ見えない時間を大切な人に費やしたのか、直接会う、見る、それらが叶わない場合でも、遠くにいても心に占める時間はなお大事なこと、エトセトラ、エトセトラ。

それがたとえ別れても、心に深く入り込み思い出となれば、生きていく糧になるのだと。王子さまと会うまで、キツネにとって麦ばたけなんて何の意味ももたらさなかった。それどころか気がふさいだ。「だけど、あんたのその金色の髪は美しいなあ。あんたがおれと仲よくしてくれたら、おれにゃ、そいつが、すばらしいものに見えるだろう。金色の麦をみると、あんたを思い出すだろうな。それに、麦を吹く風の音も、おれにゃうれしいだろうな……」。

キツネによって、王子さまは自分のバラに思いをはせるのだ。大切に思うのはムダな時間を費やしたから、自分には特別になった。そして、その面倒を見た相手には、いつまでも責任があることを知った。けれども、すべてに永遠はない。この世界で避けることができない別れ、その別れがなんと清々しいことか、答えはここにあったと思う。年を経てきて思うことである。別れの後、人を強くするのは、大切な人との時間がもたらす芳醇であると。

若い時に読んでなぜ物悲しかったのか。それはこの本が別れと喪失の物語だったからである。東日本大震災を経た今、日々同じことを生きる難しさを、それが当たり前と思っている日常を送るのが、一番の幸せであることを、心よりも深く体の方が反応する。しかし余儀なくやってくる別れ、災厄や戦争以外でも、人の命の終焉と、それに伴う別れの必定を王子さまは見こしていたのか。いや、作者サン＝テグジュペリは、飛行機のパイロットという職業で砂漠に不時着した経験があった。その孤独の中で見えたものが「星から来た王子さま」であり、砂漠に潜む井戸であった。喪失を恐れて生きるのではなく、それを見据えて生きるという強さを、この本は、今、年を経たことで私に教えてくれる。

「むかし、いちどは子どもだった」ひとへの献辞を改めてかみしめる必要もあろう。

「わたしはおじさんたちの旧世界式の習慣が大好きだった。たとえば野球帽《やきゅうぼう》じゃなくて、イタリアで買ったソフト帽をかぶる、とかいうやつ。ふたりとも野球帽は持っていなかった。それからジーンズも、スニーカーも、スポーツシャツも持っていなかった。テレビでスポーツは見ないし、アメフトの試合に行ったこともない」

（『スカイラー通り19番地』Ｅ・Ｌ・カニグズバーグ作　金原瑞人訳
岩波書店　２００４）

岩波書店刊

引用した文章は、主人公マーガレットのおじさんたちの紹介である。ハンガリー生まれのおじさんたちは、われわれが描くTシャツに短パンの典型的アメリカ人では全くない。続く文章には、ディナーの時は白いリネンのテーブルクロスをかけ、クリスタルガラスのゴブレットでワインを飲み、磁器のお皿に食べ物を盛る。この作法も然り、アメリカの一般家庭の食器は、食器洗い器に適応する？ プラスチック容器がほとんどであるから、もちろんクリスタルガラスなんてとんでもない。この見事なほどの不適応ぶりに、外れ物大好きな私は大いに勇気づけられる。この本は、周りに迎合しないマーガレットとそのおじさんたちの物語。

研究者の両親がペルーに行くというので、夏休みをサマーキャンプで過ごすことにした。それしか選択肢がなかったのであるが、そこで待ち受けていたのは、参加した少女たちの陰湿ないじめと、融通のきかないキャンプ管理者、カプラン先生との闘いだった。いじめを告げ口することもなく、ことあるごとに「できればしたくない」という言葉を発するマーガレット、そこでの生活は惨憺《さんたん》たるもの。おじさんが迎えに来ることで、そこを脱出する。「できればしたくない」という理由はこうだった。「じぶんらしさがこわれてしまいそうだからです」。

おじさんたちの家があるところがスカイラー通り19番地、サマーキャンプを脱出したマーガレットが寄宿する。おじさんたちは45年前から塔を作っていた。スチールパイプで作られたそれは、周りを暗くすることもなく、ガラスのかけらや磁器の破片がぶら下げられていた。蜘蛛の巣と同じで強いけれど繊細だった。まだ完成していない、建造中であるという思想は、ガウディのサグラダファミリアを連想させる。終わらないこと自体がロマンであるという思想も素敵だ。しかし、この役に立たない塔の存在が大きく問題となってくる。

行政が違法だから撤去しようと動き始めたのだ。周りの住民たちもそうだった。ここからマーガレットの反撃が始まる。歴史を変えるために、この塔を壊そうとする体制そのものへの反撃が……意固地なほどの独立心、12歳の少女の心を際立たせ、明らかにしていくカニグズバーグの手法は素晴らしい。この少女期の揺れ動く思いよりも、自己の思いを実現させる潔さに、自らの少女期を重ねる。そこまで明確ではなくても、自分でありたいという願いは強かった。「子どもたちにちゃんと考えが持てるように言葉を差し出してやることとは、子どもの本の作家としての私の責任」と作者は語る（『トーク・トーク　カニグズバーグ講演集』（清水眞砂子訳　岩波書店　２００２）。いや子どもでなくても、いくつになったとて、その言葉を差し出されることは、つまり言葉に出会うことは僥倖《ぎょうこう》である。

前記の本でこうも語る。「人はやさしさをやさしさと知るためには、まずそれを体験しなければなりません。この感情を育てるためには、まずやさしさがやさしさだとわからなくてはなりません」。この臨界年齢《クリティカルエイジ》が、「思春期に入る前のもっとも残酷な年、六年生にあるのです」。そうか、主人公たちの年齢設定がうなずけるのである。

本との出会いは実に多様である。直にその本を手にする、それが本屋さんや図書館でのこともあるけれど、私にとって忘れられない出会いとなった一冊がある。今から30年以上も前、たまたま見たTV番組で詩人の長田弘が語っていた。「この本の主人公はね、メトロポリタン・ミュージアムへ家出するんですよ。でも、僕なら図書館へ家出するなぁ」。絶対的に心酔していた詩人の言葉である。

ミュージアムへ家出ということにも惹かれて手にした『クローディアの秘密』（松永ふみ子訳　岩波少年文庫　１９７５）は、ある種衝撃的だった。ここに、たかが11歳の女の子の家出の原因の一つが、女の子である不公平感とは？　度肝を抜かれた。そして地道に計画をたてる実行力、確実に変化し始めた児童文学の中の女子像に、驚きを隠せなかったのかもしれない。そして、Ｅ・Ｌ・カニグズバーグという作家に目を開かれた、まさにその一冊との出会いであった。そして、彼女の描く少女たちの明確な意思は、すべての作品に共通する。

「みんな、明日《あす》、タラで考えることにしよう。そしたら、なんとか耐えられるだろう。明日、あの人を取りもどす方法を考えることにしよう。明日はまた明日の陽が照るのだ」

（『風と共に去りぬ』M・ミッチェル著　大久保康雄・竹内道之助訳
河出書房新社　１９６６）

『風と共に去りぬ』の最後、夫レット・バトラーが去って、スカーレットがつぶやくセリフである。ヴィヴィアン・リー主演の映画のシーンと相まって、強烈な余韻を残す。

時期は定かではないが、父が嬉しそうに映画館へ出かけたことが記憶にある。まだ、田舎町にも劇場があった時代である。何を見るのかと尋ねると返ってきた答えが『風と共に去りぬ』だった。「ふーん、そんなに楽しみなのかぁ」と父を見送った。幼い頃から映画館へはよく連れて行ってもらったのに、なぜかその時は一人だった。今思えば一人で見たかったのだろうか。私が幼すぎたのだろうか。日本初公開は1952年であるから、再上映の時だったと類推される。

中学2年のクリスマスプレゼントは、その『風と共に去りぬ』、河出書房のグリーン版だった。三分冊なのだが、手渡されたのは二冊のみ、田舎の本屋には三巻目の在庫がなかったのだ。そして読み始めた。止められない。まさに寝食を忘れるほどの勢いだった。ストーリーにのみ込まれるように、二冊を読み上げてしまった。そしてどうしても三巻目が読みたいと古川（当時居住地近くの市）まで、列車に乗って出かけた。それも猛スピードで正月になる前に読み

河出書房新社刊

上げた。

とらわれたような読書体験はそうそうない。多分にこの本がそのトップにくるかもしれない。その冬休みに世界は変わってしまった。強烈な主人公、世間の常識など糞くらえ、自分の道を自分の意志で歩くという衝撃、読了後の現実の世界が色あせていた。スカーレット・オハラというそれまでの人生になかった登場人物に、すっかり心が占められた。

思い人のアシュレが結婚すると聞き、書斎で花瓶を暖炉に投げつける。喪に服しているのにダンスパーティに出る。レット・バトラーを誘惑するのに戦後の品不足事情のもと、ビロードのカーテンをドレスに仕立てるという奇策?等など、強烈なエピソードはもう半世紀を過ぎようとも記憶に鮮やかである。

いや離婚後この物語を再読した。愛の本質とは何か、レットはなぜスカーレットの元を去ったのか。自分の結婚の意味は何だったのか。答えなどなく、まして真実などいまだもってわからない。しかし、将来の不安をかき消すのに、「明日はまた明日の陽が照るのだ」ほど、心を鼓舞したものはない。奔放な生き方の陰にある心の自立を、私は学んだと言える。

この映画を最初に見たのは１９６７年大学1年生、山形の映画館は満員だった。小説が映画化されて感じる違和感が、全くないと言っていい作品だった。これ以上の配役はないだろうというスター陣の煌びやかさ、巧さをとっても、今に至っても超えるものは想像できない。

小説の続編が『スカーレット』（アレクサンドラ・リプリー著　森瑤子訳　新潮社　１９９２）として出版された。珍しく私は原書 Scarlett: the sequel to Margaret Mitchell's "Gone with the wind" by Alexandra Ripley. (Warner Books, c1991) で読んだが、予想通りというか、あまり感興の湧かない作品だった。

私的なエピソードをもう一つ、滞米時にニュー・オーリンズに旅をした。タラの屋敷のような壮大なプランテーションを見学するツアーがあったが、食事に時間も気も取られ、行かずじまいになった。自分の中に、物語と映画の中で充分という思いが少なからずあったと、今になって分析する。

「あなたは私の青春でした。どんなに苦しくとざされた日々であっても、あなたが私の青春でした。私が今あなたを離れて行くのは、他の何のためでもない、ただあなたと会うためなのです。そうでないとしたら、何故この手紙を書く必要があったでしょう」

(『されどわれらが日々──』柴田翔著
文藝春秋新社　1964)

これを手にしたのは、当時高校に通っていた古川市（現在合併して大崎市）にあった本屋である。図書館不在の当時は、本屋が図書館を兼ねていた時代、芥川賞受賞のそれは、田舎の高校生だった私にも届いていた。衝撃的なタイトル、即求めて読みふけった記憶がある。

そのスタイリッシュなタイトルに魅了された。そして遺跡の写真らしい表紙も、緑がかったグレーで繊細さと上品さを備えていた。そして内容も然り、ガーンと頭を殴られた。若かったせいもあろう。生涯で価値観をひっくり返されるほどの一冊となって今でも存在する。

それは何か、〝虚無〟というものを突き付けられたのである。虚無＝ニヒルが心を支配していく。それは政治運動の挫折から、時代を覆う空気から、そして自らが抱えるものから生まれてきたのだろうか、小説の登場人物が抱えている、痛々しい心のあり様は、それまで想像だにしなかった世界であった。

ストーリー性のある物語世界から、奈落に落とされたような感覚だった。むなしさとそれを包含した愛の形、その世界は『草の花』に続いて行ったものかもしれない。

文藝春秋新社刊

自らが〝生きた〟というヒリヒリする感覚がない恋愛も、政治活動もむなしいという結論に達する主人公、机上の空論的な物語展開は、それだからこそ〝純粋〟という若さ故の価値観を肯定する。

「私、こうやって一生あなたのお食事、作って上げるのかしら」というセリフも強烈だった。現在では若干変化したかもしれないが、当時の女性の、結婚への見えない絶望感？を見事象徴する言葉ではないか。一旦そういった疑問を抱いた男女の関係性は、今読み返すと破たんに向かうしかなかった。私事ではあるが、短い結婚時代、庭の草むしりをしながら「わたし何で、こんなことをやっているのだろう」と、言いようのない寒々とした絶望感がリアルに蘇る。

政治運動とその挫折の後、半ばあきらめを含んだような主人公たちの婚約の日々を描く。その互いの、また他の関わった人々の心理は、挿入される手紙によって語られる。長い手紙によって。当時は手紙の時代だった。別れが用意してあるから、その愛はむなしかったのかと言えば、一言では括れない。愛に誠実であろうとすればするほど、葛藤が大きく、相手との距離も離れる。真実を求めることは、愛の領域においては禁じ手なのか。一方、別の意味で女性の自立をも示唆する終わり方は首肯できる。そのすべてをくるめても、絶望的な終わりでないことを、タイトル「されどわれらが日々――」という言葉に結んだのか。そして、今でも瑞々しい青春の心象風景を描く筆致は秀逸である。心の奥底にある疼きとともに、自らの学生時代もフラッシュバックするのだ。

所蔵する本の帯は大江健三郎が書いている。「清澄な悲しみのこもった端正なスタイルで　おだやかに　しかし明確に　ひとつの時代と　そこに息づく青春群像に照明をあてる」。

「人から愛されるといふことは、生ぬるい日向水《ひなたみず》に涵つてゐるやうなものので、そこには何の孤獨もないのだ。靭く人を愛することは自分の孤獨を賭けることだ。たとひ傷つく懼があつても、それが本當の生きかたぢやないだらうか。孤獨はさういふふうにして鍛へられ成長して行くのぢやないだらうかね」

（『草の花』福永武彦著
新潮文庫　１９６６）

このセリフは、思い返せば青春の痛みを自ら防御するために必要なものだったかもしれない。この本も、福永武彦という作家も大学へ入って初めて知ったというか、教えてもらった。成就しなかったが故、今でも清廉な思い出の中にいる人の好きだった作家、大学時代の読書歴に大きな影響を与えた。つまりあの日々イコール『草の花』とも言えるほど思い入れも、思い出も強い本である。

愛の本質は何か、孤独とは何か、畳みかけるように人生の核を突いてくるような物語、まだ当時机上の空論であった〝愛〟について問いかけは続く。青春の読書は性急な答えを要求し、自らに合った言葉を探し求めた。いやそれは〝合う〟というよりかは、単に〝慰撫〟してほしいだけだったような気もする。

語り手は、主人公汐見とサナトリウムで出会う。その彼は手術後に屍となって戻ってきた。そして残された二冊の手帳（大学ノート）で物語は構成される。語り手は汐見の肺の手術自体が、自殺的な意味合いを持っていたような気がして、手帳を開くのである。

第一の手帳、旧制高校時代、同性の美しい藤木に強く惹かれる汐見、息を詰めるような切迫した心情、相手の眼差しに情感のすべてを凝縮したような描写

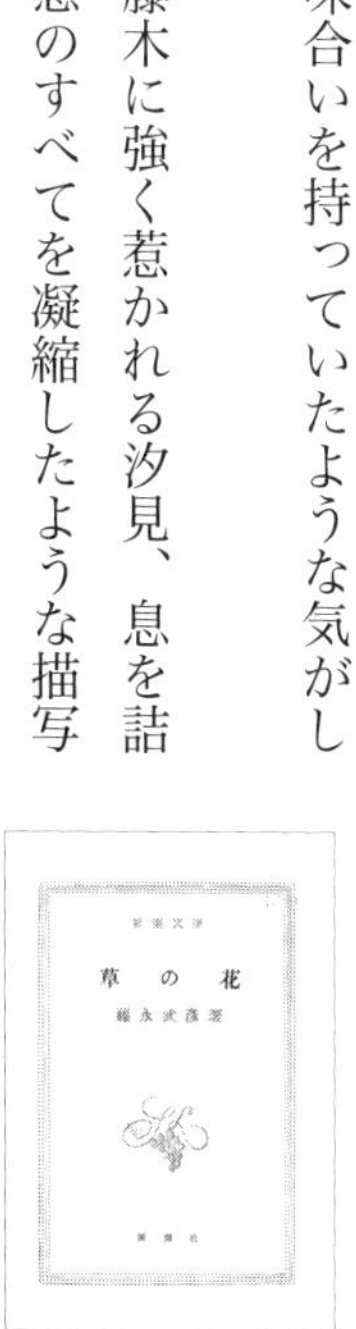

新潮社刊

が凄い。そして第二の手紙は藤木千枝子、第一の手帳藤木の妹である。冒頭に「僕が青春に於て愛したのはこの少女だつた」とある。際立って美しい少女ではなかったが、その瞳に知的な光を宿していた。「僕の空想癖から、或は彼女をBeatrice《ベアトリーチエ》と思ひ、或はLaura《ラウラ》と思つた」とある。ほとんどペダンチックとも思える愛の概念、それへの論理が展開される。千枝子は「わたくしは、このわたくしとして、この生きた、血と肉のあるわたくしとして、愛されたいと思ひました」と後に語る。悲恋を招いたのは、現実離れした男の空想と切り捨てることができないのは、青春の心情である。そこへ回帰するためにこの本があるかのようだ。移ろうものとしての人の心の様、「彼女は彼女のやうに生き、僕は僕のやうに生きる。青春の一時期に、二人が愛し合つてゐたといふ記憶だけがあればよい」。これも悲恋の一つの逃げ水である。

福永武彦の精緻に感情を積み上げていくような文章は、その後〝意識の流れ〟というヴァージニア・ウルフの書くイギリス小説へと私を導く契機になったような気がする。そして彼自身の著作『海市』もまた、青春を覆った書の一つである。

「人生とは、実は、野心でも金銭でもなく、ただ愛をめぐって動いているのではないか、と思われることがあるのだった」

（『時の扉』辻　邦生著
毎日新聞社　１９７７）

デジャヴのように、本の中の文章に取り込まれることがある。この小説はのっけからその自然描写に、どこかで出会っていると瞬時に思った。その印象は歳月を経ても変わることなく、なお鮮明である。この小説を一言で言うなら、愛と贖罪《しょくざい》がテーマだが、風景描写と心象風景がマッチングしたリリシズムの極意である。限りない抒情に身をゆだねてしまう。ある種の中毒性を持つ。

冒頭に印象的な描写がある。雨が上がり、雲が途切れた。「矢口忍は教員図書室で数日前に見つけた、古い、分厚い、図版の多く挿入された本から眼をあげて、青い空を流れてゆく、透明感を湛えた白い雲を眺めていた。校庭の向う側にあるポプラの並木が、時おり、風に煽られて細かい葉を返しては、しなやかに枝をゆらせていた。そのとき矢口忍は、何か不思議に懐かしい感じのものが、まるで見えない人影のように、彼の心のなかを過ぎてゆくのを感じた」。このえも言われぬ懐かしさ……心を慰撫するように風景が眼前に広がった。これは、主人公の心情をすっぽり自分の心に取り込んだような不思議な体験だった。

学んだ大学にポプラ並木があったことから、それは青春のシンボルのように残っていたのか。また映画『ドクトル・ジバゴ』の冒頭シーン、頭上に広がる透明な青空、高い木の枝が風に鳴っていた。枝と葉のそよぐ音、これを見た時もデジャヴ感を味わったのだ。幼い子どもの視点、誰かが土に葬られていた。それらが重なり合ってしまった。この本のストーリーとは全く関係がないのだが、脈絡なくつながる心象風景は驚きでもある。

さて件の主人公矢口忍は、都落ちして北国で中学の教師をしている。以前に詩集を出版し、それがある程度評価されたという過去もあった。決して許されない何かを抱えて、それが冒頭の描写にある「あの雲」を見た時に、自分を横切って行ったものを突き付けられる。それが恋人だった卜部すえの声、彼女そのものだったのだ。知り合ったのは大学での文学講座、その聴講生だった彼女は、控え目ではあるが内部に静かに湛えたものがあった。彼らは恋人同士となる。彼女の人物造形は、ある時代の女性の典型であるような気もする。

その過程、彼女の知り合いのシリアからの留学生ハイユークに、日本語を教えることとなった矢口、なぜ彼女が自分との間にハイユークを介在させたのか、その心情が鍵のように横たわる。ハイユークは卜部すえを真情から愛していた

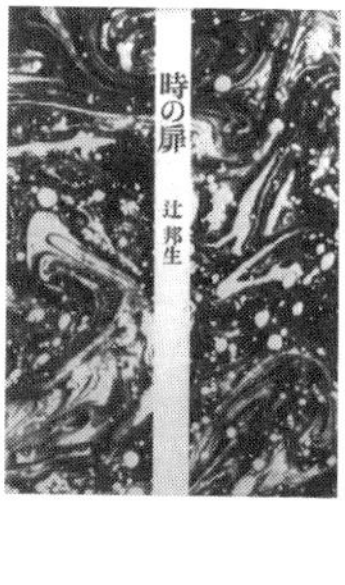

毎日新聞社刊

が、事情により突然帰国する。彼女への思いを封印したままである。彼女は矢口忍を愛しており、彼らが結婚するのが当然と身を引いた。そして物語は反転、矢口忍と卜部すえの間に登場する小悪魔的女性、女優の梶花恵である。卜部とは対極をゆく、我がままで妖艶、反家庭的な人物像、彼女に翻弄されながらも惹かれてゆく矢口。人間には理性だけでは抗えない、未来を予測しながらも突き進んでしまう別の心があることのシンボルのように梶花恵を配する。恋愛小説の予定調和的展開である。

破局は目に見えていた。矢口と梶の結婚により卜部がとった行動、そしてその結婚の顚末、それらが矢口を都落ちさせた所以であった。取り返しのつかない選択をしてしまった人生、そのさまよえる精神はどこへ向かえばいいのか。果たして救いがあるのか。

「自分を天の光で灼き潔めるためには、地上のどこより砂漠がふさわしいと思っていた（後略）」。矢口は、つてがあったことから、シリア考古学調査隊へと参加する。現在紛争地域となっているシリア、ダマスクスが登場する。当時は古代文明の地としての聖地だったろうに、現在の変容ぶりには心が痛む。そこで矢口はハイユークと再会する。シリアの慣習から言えば、矢口の行為（女性を誘惑して捨てたこと）は、女性の身内から復讐されて当然の行為だった。ハイユークは、卜部すえの死を悼むことは大事だが、そのことで生きる義務を怠ってはいけないと矢口に告げた。もう一度「願わしい生を生きること」、それが償いであると。

砂漠での発掘という行為は、静かなる変革を矢口の精神にもたらしたのか。地球と一緒に呼吸するというゆったりした時間、そこで出会ったフランスの発掘隊にいた若い日本女性、鬼塚しのぶ。妙にしんとした静けさを感じさせる彼女は、目のあたりに卜部すえの面影を宿していて、矢口をはっとさせる。彼女の過去もまた凄惨なもので、それを逃れるために若くしてパリに留学した。肉親の狂気とも思える憎悪にさらされて生きるしかない、あまりにも重い宿命だった。人間の心に起きる理由なき感情、それを逃れて異国の地に生きてきた。壮絶な砂あらしを通して、彼らの到着点は「人生ぎりぎりの場所」で真剣になるという鬼塚の言葉だった。救いは砂漠に立ち現れた、壮麗なパルミラ宮殿のようなものだったか（今に至り、TV画像に映し出された、無残にも破壊されたパルミラ宮殿が痛々しい)。

心象風景と自然描写のマッチング、その秀逸な箇所は所々に見受けられるが、「西空の夕焼けは色あせて透明に澄み、色の残った雲も、刻々と、暗い灰色に変わっていた。夕暮れのひととき、野も町も森も、空の反射光を受けて、まるでブリューゲルの絵のように見えた」。

自然と時間を背景にした壮大なスケールの中で、人は心の救いを見い出せるのか。未来を見い出せるのか。大きな問いを突き付けられる幕切れである。

「人が知性と名づけたものの中には、立身出世への計算や、世間体への見栄や、周囲の人間への配慮などがたくさん含まれている。そういうものがいっさい心に浮かばなくなったとき、はじめて、ああこれが純粋の思いなのかと思い知ることができるわけだ。ほんとうの知性とは、いわゆる知性で抑えられぬ心を知るときに、きびしく極まる一種の覚悟ではないだろうか」

（『観光バスの行かない……』岡部伊都子著
新潮文庫　1975）

この本は「観光バスの行かない」埋もれた古寺をめぐっての随想、「恋の火焔《かえん》絵巻〈道成寺〉」と題する中にこの一節はある。1960〜61年の2年にわたり『芸術新潮』に連載されたものであった。

そのあとがき「一九六〇年は、激しく揺れた。日米安全保障条約の改定は、強行採決されてしまった。静かな寺々をまわりながら、『今生きている民衆として、これでよいのか』と悩んだ。尊崇されるべき古き仏像や古建築よりも、道ばたの蔬菜《そさい》のほうに、ひれ伏したい感動を覚えた。原爆の出現が、美の順序、尊ぶべきもの・守るべきものの順序を根底からかえていた（傍線筆者）」。一体これは何だ、2015年の日本はこれを確実になぞるように、繰り返したではないかと唖然とした。原爆と福島原発、安保関連法案の強行採決、歴史は繰り返すというのは真実なのだ。

当時の観光ブームから外れた、そこに埋もれている寺、そして仏像を見る著者の視点は、鋭く繊細で凛とした静かさに満ちている。しかし、冒頭の言葉のように、彼女の生き方を鋭く示す果てしなく強いものがあるのだ。もともとの鳥獣戯画（東京博物館に委託）があった高山寺、当時は拝観料もとらず、寺宝もあっさりと手放して時流に超然としていたと記してある。現在は世界遺産、立派なＨＰもあり寺宝は戻されたらしいが、そこに宿る精神は当時につながるものであってほしい。

　岡部は楚々とした和服姿が印象に残るが、終生静かな反権力を貫いた。許嫁を戦場に送ったこと、戦争の加害者だという意識を最後まで持ち続け、学歴はないが病歴はあると、その病弱な体にもかかわらず、強く生きた人である。いつも彼女の著作を読んだ後は、シンとしたものだった。生きていれば、今回の安保関連法案にも、反原発にも真っ先に声をあげたに違いない。

　そして、私が衝撃を受け暗記するほどの引用の文章は、国宝〝道成寺縁起絵巻〟安珍清姫の話、その激しい恋への思いであろうが、それから自らの行動の覚悟となるものとなった。一つの決断、どの道を選ぼうかと行き惑っていた時、バシッと頬を打たれたような感覚が今でも蘇る。世間体や計算、それらが一切浮かばなくなった時、自分の赤裸々な心と初めて対峙した。結果がどうあろうと、後悔しない潔さも人生には必要である。それは今も新しい。

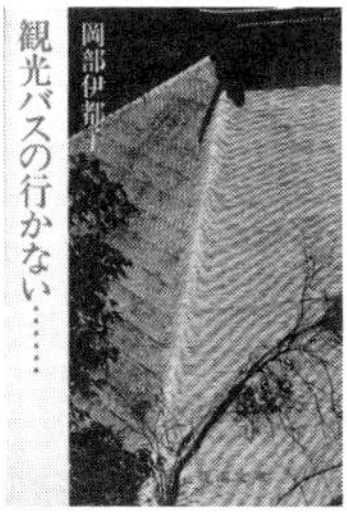

新潮社刊

「翌日、朝の光の降りそそぐテラスで食事をとりながら、これで終わりにしようかな、と思った」

（『深夜特急』第一便－第三便　沢木耕太郎著
新潮社　1986～1992）

まだ行きついていない旅の目的地の一つ、ポルトガル、それは『深夜特急』の旅の終わりの地という憧れからであった。しかし、今回改めて再読して驚いた。旅はロンドンで終結していた。そのロンドンへ向かう、つまり旅を終わらせようと決心したのが、引用した文章である。「これで終わりにしようかな」、年を経たせいで若い時に読んだ感興とは全く異なるものを感じてしまったのである。何かを続けていて、ある時本当に瞬時心をよぎったことで、大きな決断をする。その予兆を。

それは予測もできない旅の不思議な効用でもあるかのようだ。悩み続けていたことが、一瞬で霧が晴れたように視界が開けたり、忘れていたことがフッと蘇り、パズルがはまるように、人生の意味を与えてくれたりする。そんな予兆を持つからこそ、旅はかけがえのないものだ。

旅に新しい視点を投げかけたのが、衝撃的かつ鮮烈なノンフィクション作家、沢木耕太郎の登場であった。もちろんこれが処女作ではないが、『深夜特急』は旅のバイブルとなって一世を風靡したと言っていい。普通の人が、こうあ

新潮社刊

りたくてもできない旅を、彼は旅した。低予算で安宿に泊まり、基本的にバスでユーラシアを横断した。視点が鳥の目ではなく地面の虫の目だった。庶民の目線で現地の人々と接した。そこから広がってくる世界観に私は大いに共感し、その一冊で虜になったのだ。しいて言えば若者の直情はないようだった。それが文を書かせるスタンスかもしれないが、2015年から16年にかけて『朝日新聞』に連載された『春に散る』の主人公、広岡に通じるような気がしていた。スタイリッシュな部分を抱えながら、輻輳したものの見方には、いつも驚きを隠せなかった。

脱線するが、彼の映評の素晴らしさには、いつも脱帽だった。的確に、こちらの予想もしない角度から物事を捉える眼に魅了され続けた。『世界は「使われなかった人生」であふれてる』（暮らしの手帖社　2001）という心憎いタイトルにも、もちろんその本に描かれた映画評論にもそれはあふれている。人生を選択するある分岐点、そこを境にこちら側、今の人生と「使われなかった」人生へ思いを致す、ありえたかもしれない人生は救いになるのか。また『「愛」という言葉を口にできなかった二人のために』（幻冬舎　2007）という、これも秀逸のタイトル、『ブロークバック・マウンテン』や『ローマの休日』を皮切りに、成就しなかったが故に心に深く刻まれる映画を語る。うらぶれた人生に心を寄せ、片隅の人にも物にも、柔らかな眼差しで映画を語るそれらのエッセイは見事である。

『深夜特急』第一便、第二便は同時発売だったのに、第三便は長いこと待たされた。それはなかなか目的地のロンドンにたどり着かない旅と似ていたのかもしれない。そのロンドンの手前が、ポルトガル、ユーラシアの果ての岬サグレス、その海を臨む眺望の良いホテルでの、一言である。

対談集『貧乏だけど贅沢』（文藝春秋　２０１２）の中にもその経緯が書かれている。対談者の一人高倉健に、今一番行きたい土地はどこかと尋ね、返ってきた答えはポルトガルだった。そこで沢木がポルトガルは自分にとっても特別な土地だと話す。いつ旅を終わらせようかと迷っていた時、ポルトガルのサグレスという岬に夜遅く行き着いた。翌朝、窓を開けると海が見え、心が震えるような朝を迎えることができた。だから、もうこれでいいかなと。

印象に残るのはどうしても自分の旅行先と重複する場所の描き方である。第一便の香港、私が最初に訪れたのは1986年12月、この本の発行も1986年5月、多分に本の内容が重くなるのは時を経てからだ。再読して驚く。彼が滞在した〝黄金宮殿〟と称した曖昧宿は、尖沙咀《チムサーチョイ》にあったこと、われわれ最初の香港旅行、格安パックツアーの宿もその地域だった。ホテルの窓から、人が出入りする建物が何かを観察していたものだった。あの猥雑な懐かしい香港は、最近は薄れてきたような気がするが、日々香港の町の魅力に心震えていた彼の心情の中に、あの香港がある。紀行文とは不思議なものだ。消えたものに再会できる、こんな魔法はない。

彼のような旅はできなくても、それでも自分なりの旅の作法を求め、楽しむことが基底となることを作ってくれた本である。

「その時はじめて知ったのです。桜が花を咲かすために樹全体に宿している命のことを。一年中、桜はその時期の来るのを待ちながらじっと貯めていたのです」

（『一色一生』志村ふくみ著
求龍堂　1982）

求龍堂刊

志村ふくみという染色家の文章に初めて出会ったのは、この本にも再録されている「色と糸と織と」(『言葉と世界』岩波書店　１９８１)であった。大岡信が強く推奨するその文章、圧倒される何かがあった。まずは全く知らなかった染色というジャンル、そこにある厳然とした自然との関わりの中から生まれる崇高とも言える芸術、一般的な想像域をはるかに超えるものがあった。例えば、ほんのりとした桜色に染まるのは、開花間近の幹から煮出したものでしか出ない。季節を過ぎたものに「匂い立つ」ことはないのだと、桜の花びらで染めたとしても、灰色がかった薄緑にしかならないという自然の掟とことわりに、身を正される思いをした。まさに真実を提示されたものだった。それが冒頭の文章に連なる。命の輪廻を象徴するような桜の木である。

そしてこの本、淡いグラデーションで織り上げられた作者自身の「裂」が表紙カバーを飾る。さらに扉の「海月」は、新緑を基調にまさに海の底に月光が差すようなイメージが広がる作品である。いや、なによりも心を打たれたのはタイトルである。「一色一生」、一つの色に一生を賭ける、それほど深遠な世界を提示する。それはまさに直線を引くように人生へと連なる。

二人の子を連れて離婚し、そこからただならぬ覚悟で入った工芸の道、しかしそこには母がやむを得ず断念した織物を、くしくも娘が始めるというものがあった。運命としか言えないような何かが、それも2歳の時に養女に出されていたという家庭の事情もあっての母との再会である。

以降、彼女のエッセイ『語りかける花』『母なる色』『白夜に紡ぐ』と読んできたが、ある時、別の出会いがあった。東北地区大学図書館協議会研修会でのことである。講師は村上善男氏。「本の帯、カバー、箱を皆さん（司書）は、無情にもむしり取って、本をただの媒体である単なる物体にしてしまう」という主旨で、講演タイトルは「装丁家の敵!?　図書館」。これを『図書館雑誌』(91(9)1997.09）に投稿したことが縁で、村上氏としばし交流があった。

村上氏は岩手県盛岡市出身の美術家、『萬鐵五郎を辿って』（創風社１９９７）という著作もあり、研究者として講演当時は弘前大学に籍を置かれていたと記憶する。ある時『色彩に生きて《講演の夕べ》記録』という志村ふくみの著作が送られてきた。これは田中屋（弘前市の老舗の民芸品店）創業90周年記念講演録であり、対談者が村上氏であった。ここでも語られたのは自然の法則の中で生まれてくる色、その不思議である。そこに芹沢銈介の「植物染料は、自然の中にその色を置いた時自然と同化します、でも化学染料は全く違う世界のものなのです」という言葉が引用されていて、工芸の世界の目に見えぬつながりをも含めて感慨深いものがあった。

　志村ふくみの作品を見て感じるのは、まさに神羅万象という壮大な宇宙である。自然から染めた糸から紡ぎ出されるものは、織物という範疇をいつも超えている。不思議な空間に連れ出されるような気がするのである。美は至るところに存在する。偏在ではなく、遍在であるのだと語りかける。日々営まれる日常に連なるものを、一色一生という言葉で示している。

　「四十八茶百鼠といわれるほど、われわれ日本人は百にちかい鼠を見わける大変な眼力をもっています」（「色と糸と織と」）という文章にも驚きの発見があった。筆者の最初の勤務先東北大学附属図書館で目にした、日本の色に関して個々に色票を貼った蔵書があり（記憶をたどってみたが、タイトル等は見当もつかない）、その色彩の豊かさに驚いたことがある。それほど奥が深い色と自然の結びつき、宇宙の中の小さな個にまで広がる一冊である。

「『智恵子抄』は、まさしくひとつの「首狩り」の書ともいうべきものではなかったか」

（『女の首－逆光の「智恵子抄」』黒澤亜里子著
ドメス出版　１９８５）

十和田湖畔で智恵子をモデルとしたとされる「乙女の像」を初めて見たのは、大学1年の旅行だった。西洋人の伸びやかな肢体とは明らかに違う、どっしりとした日本女性の体躯を感じたが、智恵子への特別の感慨はなかった。詩集『智恵子抄』の存在が心に残ったのは、中学時代の予餞会か何かの行事での朗読だった。「千鳥と遊ぶ智恵子」、「レモン哀歌」や「あどけない話」、高村光太郎夫人で、最後は狂気に倒れた人、福島が故郷だったこと、そんな知識はあったが、愛唱するほどの熱はなかった。純愛という言葉が独り歩きして、高村光太郎と智恵子のイメージを作っていたような気がする。

そして自らの中でフェミニズムというものが形になりかけていた頃、これもまた煽情的なタイトルの本に出会う。『女の首 - 逆光の「智恵子抄」』、これを夢中になって読んだことは、今でも記憶に新しい。これによって『智恵子抄』を精読した。学者である黒澤亜里子のそれまでの純愛伝説を覆す本は、世間を変えるほどの揺らぎをもたらさなかったものの、私の心は大いにゆすぶられた。

純愛を歌った詩集は、この本によって大きく変貌する。私自身の焦点はなぜ智恵子が狂気に陥らねばならなかったのか、その原因は何かを性急に読み取ろうとした。地方の素封家という出自からくるプライド、当時女性の最高学府である日本女子大を卒業して、新しい女性を標榜する平塚らいてふとの出会い、そして『青鞜』の表紙絵を描くという時代の先端を歩んでいたかに見えた。当時の女性では、超エリートというイメージが結ばれる。その母の智恵子以上の強すぎたプライドと、婚家高村家との差からくる軋みは、智恵子にどんな思いを抱かせていたのか。想像するだけであるが、その実家の凋落と、智恵子の狂気とはどこかで呼応した部分もあるのかと思う。

一方で夫となった高村光太郎という洋行帰りの人物、モダンな思想を持ち帰ったことは、否定できない。「智恵子の首」という彫刻を見て黒澤が感じたのは、「この時期の光太郎が、智恵子を単なる審美的対象というよりもむしろ、異質な自我をもった対等な『他者』として受け止めようとしていたことを記憶しておくべきであろう」という近代的な女性観である。そしてそれを受け止める側の智恵子であるが、その対等性というか近代的自我を持ち得ていたのか。進歩的な『青鞜』という集団との関わりの中で、一人の「新しい女」として存在し始めていたのは否定できないけれども、果たして明確な自我はいかばかり

ドメス出版刊

だろうか。

結婚してモダンなアトリエを構え共棲するようになった光太郎と智恵子。自己拡大の衝動を持ち、それを芸術に投影しようとした智恵子は、意図するところとは逆の内向する道をたどっていく。追い打ちをかけたのは、長沼家の没落、それは「自分をはぐくんだ土壌」の喪失であったという。精神の変調をきたし、自殺をはかる智恵子は、一気に別の世界の住人となってしまう。それまでの抑圧をさらすかのように。その表現手段は最後には本当に無垢な切り絵であった。

芸術家夫婦とて霞を食べて生きることはできない。貧困にあえぎながらも日々の生活がある。そこで直面する現実に耐えられなかった智恵子は、別世界へと逃避したのではないかとふと思うのである。この書にはそこまでの言及はないが、純愛に隠れたものを突き付けた、著者の厳しく鋭い視線を見るのである。

なお『詩人の妻』（郷原宏著　未来社　１９８３）では、光太郎は芸術家であればよかったが、智恵子は「生身の女」として生活苦にたちむかわねばならない葛藤があったと言及がある。一方『智恵子飛ぶ』（津村節子著　講談社　１９９７）のテーマは、二人の愛に焦点をあて、芸術家夫婦の懊悩は描かれてはいても、『女の首』のような視点ではない。

『智恵子抄の光と影』（上杉省和著　大修館書店　1999）は「近年の『智恵子抄』への評価は、妻を狂気に追いやった芸術家高村光太郎の〈贖罪の詩集〉として、これまでの〈『智恵子抄』神話〉を、その聖壇から引きずり下ろす論調が支配的です」として、その背後にあるものを探る観点から書かれたものである。これによれば、家事をするのはむしろ光太郎の方であるとかの証言も見られる。また智恵子の発病の原因は、そもそも精神病の原因自体が複雑すぎて解明できていないため、想像の域を出ないということも本当であろう。気になったのは、最後の入院で5ヶ月も妻を見舞わなかった光太郎の心境である。

「たったひとつ私の財産といえるのは、いまだに『手袋をさがしている』ということなのです」

（「手袋をさがす」『夜中の薔薇』所収　向田邦子著
講談社　１９８１）

直に接したことのない人の訃報を聞いて、あれほど落胆した思いは他にない。1981年8月、向田邦子は台湾上空で消息を絶った。まるで未来の楽しみを奪い去られたような衝撃だった。『父の詫び状』で第八十三回直木賞（1980）を受賞、その類まれな筆致は、一瞬にして人を魅了した。次から次へ出版されるものを読み漁った記憶が蘇る。

そして、引用した文章、22歳だった向田は、一冬を手袋なしで過ごしたことがあるというエピソードである。それが原因か、風邪をひいても、「気に入らないものをはめるくらいなら、はめないほうが気持がいい」という潔さだった。それを手袋だけの問題ではないかもしれないと心配した上司から「女の幸せを取り逃がすよ」と言葉をかけられた。その日、彼女は自分の気持ちに納得のゆく答えが出るまで、家までの道を歩いたのだ。そして「このままゆこう」と決め、歳月を経た後の引用した結論に至るのである。

ちょうど離婚したばかりの私は、この文章に強く後押しされるような気がした。こだわっていいのだ、自分の大切にする何かに。世間一般の幸せの基準を外しても、自分には妥協ができないという強い意志を、見つからない手袋に見

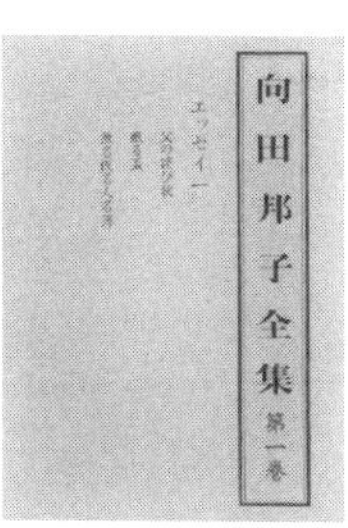

講談社刊

事に昇華させた。明解な言葉を使い、気取らず簡潔に人生哲学を示した。上手すぎると、今読み返しても思う。

直木賞受賞作『父の詫び状』、そこに登場する父親は強烈である。一読すると、家父長制時代の、旧弊で頑迷な父親像である。威張って家族を怒鳴りつける。が、そこにあふれるのは限りないほどの家族への愛、ただ、その不器用極まりなかったことが、ユーモアを生じて情愛をも醸す秀逸なエピソードがある。

末の妹が疎開に行くことになった。字が書けなかった妹のために、父親は自分あてのハガキをたくさん渡した。「元気な日はマルを書いて、毎日一枚ずつポストに入れなさい」。最初ははみ出すほどの大マルが、次第に小さくなり、ついにはハガキが来なくなった。そして帰宅がかなった時、「茶の間に坐っていた父は、裸足でおもてへ飛び出した」（「字のない葉書」『眠る盃』所収）。このシーンは何度読んでも涙を禁じ得ない。また、その向田敏雄さんは、一番不愛想な留守電として記録される。「ウム」とうなり声を発し「向田敏雄！」と名前をどなったのである（「お辞儀」『父の詫び状』所収）。

心温まる周辺の人々のエピソードにユーモアを加味したエッセイは、抜きんでていた。思いこみや記憶違いが、絶対に人より抜きんでている私は、「眠る盃」や「夜中の薔薇」を読んで、自分が肯定されるような気がしたものである。どんなことでも、人は自らを肯定してくれるものに、すがりたくなるのか。

TVドラマの脚本に見る鋭い人間観察は、エッセイにも共通している。いや脚本には、人の心を裏側から覗いたような描写があって、ハッとすることが多々あった。辛辣さとほろ苦さがあるからこそ、人物造型もただならないものをにじませていた。

一方向田は、生活の人でもあった。生活全般へのこだわり、うまいもの情報を収集した「う」という引き出し、日常使いの食器へのこだわり、そしておしゃれ上手、文学とはまた別の面で、私も含め当時の女性たちの生活スタイルに、大きな影響を与えた人でもある。そして何といっても料理、ままや*を訪れたことはなかったが、彼女のレシピは私自身のレシピに組み込まれている。

＊ままや　邦子が実妹とともに１９７８年に赤坂に開いた小料理屋。邦子の死後から17年、１９９８年閉店。

「枠をおろそかにして、細部だけに凝りかたまっていたパリの日々、まず枠を、ゆったりと組み立てることを教わったイタリアの日々。さらに、こういった、なにやらごわごわする荷物を腕いっぱいにかかえて、日本に帰ったころのこと。二十五年がすぎて、枠と細部を、貴重な絵具のようにすこしずつ溶かしては、まぜることをおぼえたいま、私は、ようやく自分なりの坂道の降り方を覚えたのかもしれなかった」

（『時のかけらたち』須賀敦子著
青土社　１９９８）

帯に、著者最後のエッセイとある。著者の須賀敦子は1998年3月20日没、そしてこの本は1998年6月に上梓された。引用した部分は「図書館の記憶」というタイトルの中にある。どこかに死の影が潜んでいたのかと思わされた。

パリのパンテオン広場の近くにあった図書館は、学生時代に足しげく通ったところであるのに、「ああ、こんな建物だったのか」と著者を驚かせた。建物の外壁や、薄暗い閲覧室への道は記憶がない。一方彼女にとって忘れられない時間を過ごしたフィレンツェの国立中央図書館は、すべて昨日のことのように思い出される。「雪が固く凍りついたアルノ河畔の歩道を、毎朝、薔薇色に染まる山々を眺めながら図書館に通うのにも心がはずんだ」という文章は、自らの旅の思い出をもたどりつつ、元図書館員の心を静かに豊かに満たしてくれる。

フランスとイタリアで学問にいそしんだ彼女が、時を経て自分なりの坂道の降り方を見つけた背景に、図書館の遠景があったことにも、小さな喜びを覚える。さらに通常の図書館史には現れないフィレンツェの二人の図書館人との出会いがもたらされた。

図書館史上、イタリア人で有名なのはアントニオ・パニッツィ、〝librarian

青土社刊

of librarian と称されるほどの燦然と輝く業績を残している。政治的亡命を経てイギリスに渡り、あのブリティッシュ・ミュージアムの円形図書館の建設に関わった。その後、近代目録法の最初の典型とされるアルファベット順の目録（1839）を作成した業績がある。

しかし、このエッセイに登場する人物は歴史に埋もれていた人々である。一人はヴェスパジアーノ・ダ・ビスティッチという書籍商、当時のそれは自ら写本を作り出版していた。文献について論じたり、古典の読み方を探ったり、彼の周りは自主的に生まれた大学のようだったが、ドイツで印刷機が発明されると隠遁し、それまで知り合った人々の「伝記」を書いた。それが今ではフィレンツェの知識人たちを知る貴重な資料となっているという。

そしてもう一人はニッコローー・ニッコリー（1364年生）（ダジャレでもなく、彼は「いつも笑っているように見えた」という整った顔の奇人である。このニッコローについて、前述のヴェスパジアーノが記録を残しているのだが、おしゃれでセンスがよく身だしなみがよかった。そしてなによりも本が好きで、金に糸目をつけずに収集した本を、すべての人に貸し出したのだという。さらに驚くべき文章に行きあたる。「それまで修道院や大学のなかに閉じこめられていた書物を、一般の読者が利用しやすいようにと考えた、いわばイタリアの公立の図書館にとって開祖的人物ということになる」。さらに遺書を残し、彼の死後蔵書の管理をまかせ、「これを整理し、公共の図書館を創設して、だれなりと必要に応じて、本を利用できるように」してほしいと。彼は「本が好きなだけではなく、これを整理することにも情熱をもっていた人物だということもわかる（傍線筆者）」と、書かれている。この辺りの須賀の洞察力、図書館人としての資質がなければ書けない文章である。

再読して声をなくした。なんということ、日本初の公開図書館の祖である青柳文蔵が、突如浮上したのである。彼は宝暦11年（1761）現在の岩手県一関市の出身、父親は町医者の三男として生まれた。安永7年（1778）医学を学ぶために江戸へ出る。紆余曲折ありながら、『青柳館蔵泉譜』『青柳館蔵書目録』を出版。生業は公事師《くじし》（弁護士の前身）で、人のもめ事を調停していたらしいが、一方女衒《ぜげん》で財を成したという説もある。ともあれ財を成した文蔵は蔵書を収集した。とにかく本が好きだったことは事実で、その蔵書構成は、現代の公共図書館に類似しており、その選書眼も優れていた。ついに著者順の書名目録『続諸家人物誌』を刊行する。日本は伝統的に書名目録であったことを踏まえてのこの発想、まさに司書である。そして、これらの蔵書を藩校への寄贈を望んだが、財の成し方に問題があると断られ、それを受け入れたのは伊達斉安であった。文政13年（1830）、約一万冊の蔵書と維持費千両を、仙台府へと収めたのである。その青柳文庫跡地（仙台市青葉区一番町四丁目）には碑が建立されている。*

一気に時代も国も飛んでしまうが、二人の取った行動はなんと似ていることか。本が好きで収集をし、それを一般の人に開放した。と同時に整理すること、それらを維持することにも心配りをした。生まれついての司書的能力を持っていた。どの国にもその祖となる人物がいたという事実が符合した驚き、彼女の著作なくしてこれは知ることはなかった。

1990年に上梓された『ミラノ霧の風景』（白水社　2001）、従妹がミラノへ移住したせいで、ミラノは何度か訪れているが、深い霧に閉ざされたことはない。しかし、この本を皮切りにした須賀のエッセイは、イタリアを深部から訴えかけてくるものがあった。旅の断片でしかなかった風景が、ぴったりとパズルがはまるように突き刺さる。それらを旅の後に再読する楽しみもあった。出版が待ち遠しい作家の一人となっていたのだが、早世が悼まれる。

須賀が13年間住んだイタリア、故人となった夫ペッピーノの姿が基底のように物語の中心にあり、彼の本屋コルシア書店とそこに集う仲間たち、思い出の人々がモザイク画をかさねるように描かれている。いつしかくっきりと浮かび上がる市井の人々が、何といとおしいことか、その筆力は称賛を通り越す。

＊『公共図書館の祖　青柳文庫と青柳文蔵』早坂信子著（国宝大崎八幡宮仙台・江戸学叢書50）

「知識はわたしたちを解放します。芸術はわたしたちを自由にします。偉大な図書館こそ、自由なのです。……

この喜びを売り渡してはなりません。「民営化」して、特権を持つ人たちのための特権を増やしてはならないのです。公立の図書館は、公共の信託財産です。

そして図書館のもたらす自由も、制限つきのものであってはなりません。必要とするすべての人、つまりあらゆる人が使えるものでなければならないし、必要な時、つまりいつまでも使えるものでなければならないのです」

（「わたしの愛した図書館」『ファンタジーと言葉』所収　アーシュラ・K・ル＝グウィン著
青木由紀子訳　岩波書店　２００６）

これは、ル＝グウィンが1997年、ポートランドのマルトノマ郡立図書館改装オープンの祝典でのスピーチである。まるで現在の図書館民営化政策を予言して話したかの内容に驚く。そして、「真理はわれらを自由にする」という国立国会図書館に掲げられている文言と同様の内容に、驚きはさらに重なる。図書館人ではないのに、図書館の本質を見事につき、ランガナータンの図書館五原則にまで、知ってか知らずか言及したスピーチである。

子どもの頃からヘビーユーザーであった彼女、「図書館は共同体にとって、焦点となる場所、聖なる場所です。なぜ聖なる場所かといえば、それは図書館がだれでも入れる、あらゆる人に開かれている場所だからです」と、彼女の図書館としての思い出を話す。よく通った最初の図書館、カリフォルニア州のセント・ヘレナのそれは、カーネギー財団の援助で建てられた小さな図書館だった。母親が買い物のために置いていった図書館で、言葉を探知するミサイルのように兄と探し回ったそうだ。何度も通ううち、児童コーナーを卒業して大人の領域に踏み込んでしまい、内心困惑しながらもそれを容認していた司書のこと、高校時代のバークリー市立図書館本館では、図書館がなければ高校生活を

新潮社刊

全うすることはできなかった、つまり流刑地に等しい高校生活を救ってくれたという。そこでフランス語の本、『シラノ・ド・ベルジュラック』や『ジャン・クリストフ』と出会った。そして大学はラドクリフ図書館から、ハーヴァード大学のワイドナー図書館へと一気に広がっていく。

因みに『ある愛の詩』で主人公たちが出会うのが、このラドクリフ図書館で、ハーヴァードの学生だったオリヴァーが姉妹校であるラドクリフ女子大学の図書館へ行き、そこでアルバイトをしていたジェニファーに出会うという純愛物語。

閑話休題。ル＝グウィンは女子大の1年生で入館を許可される。「自由とは何か、についてのわたしなりの定義を申し上げます。自由とは、ワイドナー図書館の書庫入室特権のことです」。彼女の図書館利用の変遷は、そのまま知識と世界の拡大そのものだった。

この著作には他にも多くの興味あるエッセイが含まれている。それもかなり饒舌に自分のことを語っている。自らの読書歴も然り、トルストイやボードレール等など、世界文学を跳梁した様子が見える。その中でも印象に残るのは当時アメリカで流行していた『星の王子さま』のCD-ROM、そこでプログラムによってもたらされる人間の想像力の微妙な乖離を警告している。それらの率直で明解な物言いは軽快でさえある。

ル＝グウィンの『ゲド戦記』を読んだのは40代になってからである。知ってはいても頁を繰ることはなく時が過ぎていた。滞米中、河合隼雄の評論『ファンタジーを読む』（楡出版　1991）を読んだ。そこで心理学者に分析された『ゲド戦記』、善と悪、光と闇、人間関係は強めるのではなく深めるものだという。一気に強める方向に進むと、それは破たんや裏切りを生み、対立を煽るのではなく、受け入れること……それらが心に強く残り、帰国後しばらくして読んだのである。解説されたものからの読書は邪道だったかもしれないが、その本との出会いが転じて、また別の予期せぬ出会いを生んだのである。

私の仕事は微妙な変化をしていった。大学図書館司書をしながら、非常勤で図書館学を教え、50代半ばで常勤の教員となった。そこでゼミ担当が必然となった数年間、毎年この『ゲド戦記』を学生と読んだのである。魔法を使わない魔法使いゲドの物語、世界の均衡とは何か、環境問題も、フェミニズムも、この世の不条理をどうやって見据えていけばいいのか、明確な答えよりも底に含まれているもっと大きなテーゼを、読むたびに発掘していた。不思議な力のある本は人生の核のように今でも横たわる。

パートⅡ ❖ 本棚からこぼれ落ちたもの

～旅と映画そして図書館～

「アイロンがけは繊維を元に戻す作業である」

（映画『ドストエフスキーと愛に生きる』）

「洗濯された繊維は方向性を失っている。アイロンをかけることによってそれを元に戻してやるのだ」と語るのは、翻訳家スヴェトラーナ・ガイヤー、映画『ドストエフスキーと愛に生きる』の一場面である。

映画の中のセリフなので、多分に正確ではないが、そこに潜んでいた言葉への思いにハッとした。テクスタイルとテクスト（いずれも語源はラテン語〝織る〟）、織られた言葉を正す？　という作業は、翻訳の極意なのではと思ったのである。

彼女はウクライナから亡命した翻訳家、現在ドイツに住む。そのドキュメンタリー映画は、彼女の日常を撮影することから始まった。翻訳の作業は、口述筆記をタイプしてもらう。その口述筆記の前に、彼女自身の内部での翻訳作業がある。文字になったそれを推敲するのであるが、一人ではない。それを一緒にする人がいる。彼は文学者だと記憶するが、言葉への言い回しに不自然さはないかを、共同作業で徹底的に吟味する。

ここでアイロンがけに戻るが、繊維の方向性を元に戻すことが、翻訳語に通じる。原語に戻り、そこから別の新しい言語が生まれる。逐語訳はせずに全体を見て、言葉を選ぶ作業が、アイロンがけと通じている。日常の所作と翻訳の作業が一体化する不思議を感じた言葉である。

さらに付け加えると、スヴェトラーナはアイロンがけのみではなく、日常を美しく生きる。料理を含めた生活全般にもこだわり続ける。優れた美意識が言葉を生むのだと再認識させられた。

彼女はそのドストエフスキーの作品を五頭の象と呼ぶ。『罪と罰』『白痴』『悪霊』『未成年』『カラマーゾフの兄弟』の作品群のことである。私自身、若い頃

読んだのは無垢すぎる感性をもったムイシュキン公爵が主人公の『白痴』のみである。挫折していた『カラマーゾフの兄弟』と『罪と罰』を最近やっと読んだ。亀山郁夫氏の新訳である。そういえば、亀山氏も講演で、大きな文脈で翻訳をすると話されていた。重箱の隅をつつくような誤訳の指摘があるそうだけど、読みやすい文体だった。

これからは、洗練され精選された言葉を改めて味わいながら、そして翻訳者に感謝しながら作品を読むことにしようか。そして、そのこだわりを私自身も日常に置きながら、日々の言葉への戒めにしようと思う。

「ハリウッドを救った歌声〜最強のゴーストシンガーと呼ばれた女〜」

（２０１６・２・27　ＷＯＷＯＷ放映）

『マイ・フェア・レディ』（１９６４）の映画がヒットした頃、あの歌声はオードリー・ヘップバーンのものでないことは、なぜか周知の事実だったような気がする。しかし影の声は表に出ずじまいだった。そしてこの番組は、ゴーストシンガー本人が映像として出たドキュメンタリー。マーニ・ニクソン（85歳）、面差しがジュリー・アンドリュースに似ている。数奇な運命をたどらざるを得なかった歌い手は、それでも晴れやかな顔をしていた。

現在ニューヨーク、マンハッタン郊外に暮らす彼女は、ブロードウェイの歌手たちのヴォイストレーナーをしていた。年老いてものびやかな声は、『ウエスト・サイド・ストーリー』のマリア、ナタリー・ウッドの歌声、『王様と私』の家庭教師役デボラ・カーの歌声、『マイ・フェア・レディ』のイライザ役、ヘップバーンの歌声、それら超有名なミュージカルのメドレーに重なった。心をくすぐるような、一気に人を当時に引きずり戻すような強力な磁力を持つ声、懐かしくも美しいメロディーは彼女なくしては生まれなかったのだ。感慨深い思いさえ抱かせる。

自分の歌が吹き替えられると知った女優たちの反応はさまざまである。ナタリー・ウッドは激怒して席をけった。ヘップバーンもプライドが傷ついたのは事実だろうが、それでも収録の間中、彼女の送迎までしたという。そして、ゴーストシンガーの事実を世間に暴露したのはデボラ・カー。陰の存在で待遇面での冷遇、クレジットタイトルには一切表記されない理不尽を突いた。社会正義をわきまえた人だったのだ。

トーキー時代に突入したハリウッドでは、美しいスターは美しい声を持つという幻想を、ゴーストシンガーに蓑を着せたまま作り続けるしかなかった。その幻想のために、トップシークレットだったのだ。類まれな声を持ち、かつ、それぞれの女優にあわせて変幻自在の歌い方ができるマーニの演技力は、素晴らしいとしか言いようがない。まあ、それが逆に彼女に悲運を背負わせたとも言えるのだが……。

彼女のその後は、シアトルに移りTV業界へと進出、50歳を過ぎてからブロードウェイでデビューを果たしている。そしてあの『サウンド・オブ・ミュージック』で、尼僧の一人として出演を果たしていた事実に、こちらも救われる思いがした。「アカデミー賞の特別賞を与えるべきだ」と、一緒に見ていた弟の言葉。同意見である。アカデミー賞で、映画を支えるさまざまの部門の賞がある中、スタント部門だけがないという話題があった。ゴーストシンガーは今でもあるのか、気になるところである。因みに2017年アカデミー賞の追悼コーナーに、彼女の名前を発見した。ご冥福を祈りたい。

陰で何かを支える役割に、元図書館員は共感する部分があったのか、心に残った番組であった。

庭師になったブルックナー

初めての海外旅行はヨーロッパ、２週間で全く駆け抜けるように主要国をめぐった。１９７６年夏である。そのツアーの最後に近かった。オーストリアの首都ウィーンの名所めぐりをしていた。ベルヴェデーレ宮殿の説明、庭は美しさを通り越した荘厳なもの、まずその広さとシンメトリー、細部までの造作の妙に圧倒された。その一角、つまり管理人用宿舎に、晩年のアントン・ブルックナー（音楽家）が住んだという。皇帝フランツ・ヨーゼフの寵愛を受けた彼の最後の住処である。

言うまでもないことだが、ツアーには老若男女、実にさまざまの人々がいる。

その時も幾組かのカップルがいたが、記憶に残っているのがいつも諍いをしていた老夫婦である。彼らは、よるとさわると何か揉め事が起きるらしい。そんなら旅行などに来なければいいのにと思うほどであった。

さて、件のブルックナー住居の説明の後、一呼吸おいて静けさが広がった。もちろん誰もが熱心にガイドの説明を聞いているわけではない。それをおしてもそのご夫婦、説明中は辺りはばからず、全く頓着せずに彼らの世界に没頭しておいでだった。そして、説明後の静寂の中、突然奥様はこう尋ねた。

「ブラックナーは庭師でしたか？」。一瞬皆が固まったようだった。きょとん、である。修学旅行なら、「おまえ全く話を聞いてないなぁ」とどやされるところである。それは大人のツアーであったから、良識をわきまえ、ぶしつけに笑う人はいなかった。そして、ツアーに一人で参加していた私には、笑いあう相手がいなかった。だからだろうか、その笑いを今まで何十年も持ちこたえている。

おお！　確かに庭がきれいだ。だからそんな質問が飛び出したのだろう。でも、庭師のレリーフがある庭園は、世界広しといえども探せないと思うが……

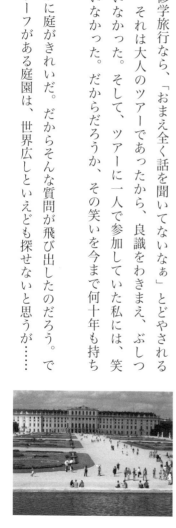

さらに、ブルックナーは勝手に改姓され、ブラックナーになっていた。しかし、当時の宮廷音楽師の身分は庭師よりも低かったそうであるから、さらに割り切れない部分が生じたのであるが……。

その後ピーター・セラーズ主演映画『チャンス』（1979）を見た。主人の死後、全く世間を知らなかった庭師が、ひょんなことからアメリカ大統領に担ぎ出されてしまう。職業？を聞かれ「ザ・ガードナー」と答えたのが、名前の〝チャンス〟と勝手に結びつけられた。「チャンシー・ガードナー」という名前が一人歩きを始めた。風刺のきいたコメディーである。その映画と〝庭師のブラックナー〟がいつのまにか私にはダブるのである。

衝撃の博物館　～フランツ・カフカ博物館

国内外をとわず、旅行の定番は美術館・博物館めぐりであるが、今までに一番印象に残っているのは何かと考えた時、真っ先に蘇るのは、フランツ・カフカ博物館（チェコ・プラハ）である。

カフカは特別思い入れのある作家ではない。でも、衝撃的な作家ではあった。『変身』を読んだ時のぞっとする感じは今でも強烈だ。それから『城』も読んだ。『カフカの恋人ミレナ』も読んだが、内容はすっぽり忘れている。学生時代、カミュやサルトルなど実存主義や不条理が流行りでもあった。だから、カフカも当時の必読書であったのである。

『城』の隔靴掻痒のもどかしさが不条理とすると、ベケットの『ゴドーを待ちながら』（1952）もそうである。肝心のものは実体を現さずに存在する時、それをどう受け止め解釈し生きていけばいいのか。最近はそれが若い時とも違った感覚で、ふっと感じることがある。

さてその博物館、内部は白と黒を基調として薄暗い。最初に家系図と写真が並ぶ。そして相手が読まなかったという父あての手紙、彼の一生は、父親との確執と自分のユダヤ人である出自とのせめぎあいであった。プラハの大きな商店の息子として生まれ、弁護士と銀行員という現実世界での役割を実直に果たしていたらしい不思議もある。どこで文学者との折り合いをつけていたのだろうか。結婚はしなかったが、4人の女性との出会いがあり、その一人、ミレナは彼の作品の優れた理解者であり、翻訳者でもあったのだ。しかし彼を最後にサナトリウムで看取ったのは、別の女性であった。カフカ没年40歳という若さである。

博物館はこれまで見たそれとは、全く様相が異なる。カフカの不条理の世界を、視覚や聴覚を通して訴えるようなコンセプトになっていた。彼は絵も描いていた。ほとんどがノートに描いた線画であった。それはムンクにも似て、人間の孤独と弧絶を示すようである。それを地に落ちるような叫び声と映像で流していた。また、真っ暗な階段を下りると、途中でその階段が途切れたような映像が眼前にある。続く黒いキャビネットがある部屋では、所々引き出されたキャビネット上に置かれた電話機が、不気味にそちこちで鳴り続ける。

鏡の部屋では、彼の一生を抽象的映像で流していた。なんだかずーっと見ていたいような、見ていたくないような、時間も空間も切り取られたように、宇宙に放り投げられたような感じだった。カフカを生んだ町である。凄い演出であった。

それとは一転、広大なプラハ城の一角は、〝黄金の小路〟と称される。16世紀ルドルフ二世の時代、番兵を住まわせていた場所である。現在は可愛らしいお土産屋として軒を並べるが、そこをカフカは仕事場として使っていたとか。窓外にあふれた潤沢な緑に染まりそうになり、狭くはあるが、快適な空間にほっとしたのは事実である。

監獄ホテル

「ここ、ランボーに発砲したヴェルレーヌが投獄された監獄なんですって！」ベルギーの首都ブリュッセル、グランプラスという有名な広場に隣接する宿に落ち着いた時、旅の連れが声をあげた。ホテル「アミーゴ」、名前がよくて選んだ？ 宿である。因みにそこは、16〜17世紀に監獄として使われており、フラマン語で監獄の意味vrunteが、vriendt（友達）と発音が似ているため誤訳され、スペイン語でamigo（友達）というホテル名になったという（『地球の歩き方　オランダ・ベルギー・ルクセンブルグ』ダイヤモンド社）。

監獄をホテルにした建物のリノベーションにも驚いたが、ヴェルレーヌが投獄されていたとは、なんともはやである。ランボーとヴェルレーヌは男色関係で、発砲事件にまで発展したのである。映画『太陽と月に背いて』では、ランボー役のディカプリオが、確かに銃で撃たれる場面があった。明治期の文豪たちの翻訳のせいもあり、開国後の日本に入ってきた外国の詩は、超センチメンタリズムがあふれ出ていた。それらの詩の洗礼を受けた青春期、ランボーよりはヴェルレーヌに親しみがあった。「秋の日の　ギオロンの　ためいきの　ひたぶるに　身にしみて　うら悲し」と詠った「落葉」や「都に雨のふるごとく」は学生時代の愛誦詩である。あのような類まれな抒情性を持った詩人が、恋人には銃を向けたのか。いかなる心理分析をしようと、決して解明できない愛という魔物が起こした事件、その余韻をあのホテルはどこかに潜ませていたのだろうか。

そして別のホテルの物語、旅はトルコ、イスタンブールへと飛ぶ。2003年8月の一人旅であった。かの地での宿泊ホテルは、アガサ・クリスティーの定宿、「ペラ・パラス」を選んだ。1892年創業、1世紀以上の老舗である。

ということは、格調は高いが近代的ではないということ、案の定エアコンがきかない。天井が高すぎるのだ。そして、自動ロックではない部屋の鍵は、不器用極まりない私にとって、非常に手間取るものだった。極めつけはエレベータである。建物の中に組み込まれていないそれは、白い布カバーの中にあって、そのカバーの中をエレベータの機械が上下する。部屋がある階に着くと入り口が開いて、乗降するという仕組みだった。あのような旧式エレベータは、あれ以前にも以後にも出会うことはなかった。もちろん映画の中でも登場した記憶はない（因みに現在の様子をインターネットで見ると、白カバーではなくなっていた）。

そして、アガサ・クリスティーが『オリエント急行殺人事件』を執筆したとされる部屋は、４１１号室。一人部屋で狭かったが、そこからの眺望は眼下にボスポラス海峡を望み、素晴らしいものだった。彼女が乗車した当時のオリエント急行、始発がロンドン、パディントン駅で終着駅がイスタンブール、スィルケジ駅、そこからホテルペラ・パラスに直行したと、ガイドの説明にあった。『アガサ・クリスティー自伝』（乾信一郎訳　早川書房　１９７８）によれば、当時はイタリア、トリエステから船でイスタンブールというルートが一般的だったらしいが、彼女はユーゴスラビアからバルカンへと、陸地を列車で駆け抜け、イスタンブールまでを旅した。

付記　重文に指定されていた奈良少年刑務所が、日本初「監獄ホテル」として再生されるというニュースがあった（２０１７・５・27『朝日新聞』）。この刑務所で情操涵養教育を実施したことから生まれた『空が青いから白をえらんだのです　奈良少年刑務所詩集』（寮美千子編　長崎出版）がある。

旅のモチーフ

それが主目的ではなくても、旅には言ってみれば必ず文学作品の記憶の断片が潜在している。ニューヨークからボストンへの旅で、ニューヘイブンへと降り立った。その旅の相棒の知人がそこに住んでおり、降車した。エール大学がある場所でもあったが、私の驚きはそれではなかった。カニグズバーグへの門を開いてくれた『クローディアの秘密』の主人公、クローディアの家があったとされている町だった。何という偶然と、嬉しい驚きがあった。クローディアには、くずかごをあけるという仕事があり、「その時、赤い切符のはしがあらわれました。親ゆびと人さしゆびをピンセットのようにしてひっぱりだしてみると、それはニューヨーク・ニューヘイブン間、ハートフォード鉄道の十回乗り回数券でした」。これによって交通費がうき、彼女の家出を後押し？してくれるのである。

そして、ニューヨークのメトロポリタン美術館、それこそクローディアが家出を敢行して隠れた場所である。本の表紙絵はクローディアと弟のジェイミーが見上げる長い階段、それこそが家出の場所、メトロポリタン美術館への入り口だった。ここへはインターンシップで滞米中に一度、その後の旅行でも訪れた。その美術館の実態は、とにかくいつ行っても凄い人込み、往来よりも人でごった返している。そんな感想でしかないから、クローディアの体験の後追いとは程遠い状態であった。

もう一つの旅、南アフリカへ行く機会が訪れた時に真っ先に思ったことは、「バオバブの木が見られる！」。それで『星の王子さま』を読み解けるとは思わなかったけれど、でもそのつややかな木肌を見て、さわって、幸せな気分に浸れた。冬で裸木だったが、しっかりした幹から枝が四方にはっていた。

最初に本を読んだ時は、なんと不思議な形なのだろうと、「ゾウをこなしているウワバミ」の絵同様、想像上の木にすぎなかった。でもそのバオバブの絵は、心もとないヒツジの絵などとは違って、なぜか非常にリアルに立派に描いてあった。それは、放っておくと王子さまの星を破壊してしまう有害な木だから、克明に描かれたのだろうか。

２００７年、ＩＦＬＡ（国際図書館連盟）の総会は、南アフリカダーバンで開催された。その時の写真データを見ていると、バオバブについての説明文(多分に植物園）を撮っていた。なんと「True African Icon」（アフリカの真の象徴？）とあるではないか。そして解説文をなぞると、伝説によれば、その木が生まれた時、あまり神に喜んでもらえなかったらしい。しかしバオバブとしては、ヤシの木よりも背が高くなりたかったし、炎のような形の花をつけ、イチジクのような実も茂らせたかった。しかし、そんな願いは聞き入れられず、神は根っこを上にして植えてしまった。だからアフリカでは通称〝さかさまの木〟と言われている。その起源は三千年も前、驚くべき古参である。確かに、平原で見るバオバブの形は独特で、上に伸びない平べったい形だった。

しかし実用的に役立たずでも有害でもなく、さまざまな部位が薬用にもなり食用にもなっている。原作とは違って有用な木であるらしい。

『トリエステの坂道』

なぜかは分析できなくて、妙に惹かれる土地や場所がある。もちろん、トリエステは敬愛する須賀敦子の『トリエステの坂道』（みすず書房　１９９５）で初めて地名を知った。また、彼女の翻訳でウンベルト・サバの詩集も読み、彼が生まれ生活した場所であることも知った。訪れていない場所はたくさんある。でもなぜかイタリアの中でも心惹かれる場所であった。ミラノ在住の従妹のところを経由してチュニジアへ行く旅の前に、トリエステへの予定を組んだ。

実際的なスケジュールをたてる前、従妹は知人から「物凄く寒いし、風は強いし、特別見るところもない」と言われていた。前回の旅でイタリアの寒さには懲りていたが、それでもいいと思いホテルの手配などを頼んだ。ミラノから列車でほとんど一日がかり、乗り換えも必須で国境近くの町まで出かけるのは酔狂に違いないが、心惹かれるのは否定できなかった。ジェームス・ジョイスの伝記的映画『ノーラ・ジョイス　或る小説家の妻』を見ていたら、トリエステが出てきた。イタリアであっても異郷のような雰囲気だった。そして実際に駅に降り立った時、言語も人も違っていた。オーストリア帝国の面影を残し、イタリアでありながらイタリアではない町へと足を踏み入れた。

広場に面したホテルから表へ出た時、われわれは歓声をあげた。広場を取り囲む建物はまさにハプスブルグ様式、夕暮れにライトアップされたそれらは息をのむばかりだった。店はもう閉まってはいたが、サバの書店へも行ってみた。須賀敦子は、経営者が変わり商業化したこの店を嘆いていたが、それでも超商業化して金太郎飴のような書店を見慣れている目には、古風で格式あるものに映った。そこから海へと出た。すっかり暮れなずんだ海は、不思議なことに漆黒ではない。夜の深淵を湛えたようなアドリア海は、青みを帯びた美しい色をしていた。碧く光る海は初めてだった。夜の海は同じ色をしていないのだ。多

分世界中でそれは異なった色をしているに違いないと、大いなる旅情に浸った。

　そして不思議な風景に出くわすことになる。夜のとばりがすっぽりおりた町には、なんとたくさんの人々が歩いていることか。われわれのような旅人ばかりではない。土地の人もいる。そしてのちにこんな本にであった。建築士、稲田深智子のエッセイ『粗住感覚』（レヴェール編集室　２００２）の中で「イタリアなどの地中海沿岸の国々にはコルソ（Corso）という習慣がある。これは、毎日決まった夕暮れに町中のほとんどの人が外に出て、特に目的もなく歩き回ることで、建築家B・ルドフスキーは『人間のための街路』（鹿島出版刊１９７３）の中で、老いも若きも毎日二時間の散歩のため街路へと繰り出す様を魅力的に描いている」。街路や広場が活気づく素晴らしさが、ひいては人間回復にもなるのだと言っていたが、本当にそうだと思った。そうか以前マドリッドでこんな場面に遭遇して、これは何？と思っていたが、謎が一つとけた気がした。

　翌日は高台にある城跡までを、石畳の道をゆっくり歩く。そこかしこで、住人とおぼしき高齢の人々とすれ違った。ゆっくりと挨拶を交わす。多分本当に一期一会であろう人々、こんな時が一番旅への思いが深まる時である。道は急だった。まだ、身を切るような風（土地ではサボというとか）にも吹かれなかったが寒く、遠く海は煙って見えた。風に吹き飛ばされないよう手すりが道についている。そこを歩き回ったであろう詩人のサバ、そして今は亡き須賀の姿が見え隠れする。人はいつか地上から消えるのだという事実、それがトリエステの坂道を歩きながらの感慨である。

交錯した思い　〜三岸好太郎と三岸節子、そして吉田隆子

初めて吉田隆子という女性作曲家の名が記憶に残ったのは、２０１０年、奈良女子大学で開催された「明治／大正／昭和に凛々しく生きた日本の女性作曲家たち」というコンサートであった。確か小学高学年の頃、父が教えてくれた与謝野晶子の「君死にたまふことなかれ」は、衝撃にも近い詩への入り口となった。その詩とセットになって記憶に残るメロディー、いつも父が静かに口ずさんでいたメロディーが、時を経、コンサートで、奇跡のように聞こえてきた。何かに打たれたようだった。そのメロディーが吉田隆子という女性によって生まれたことも、感慨深いものがあった。彼女は、プロレタ

リア運動と反戦思想で世界に抗い、46歳の若さで死んだ。潔い芯の通った生き方であった。

２０１３年上梓された『女性画家10の叫び』（岩波書店　２０１３）の三岸節子の項で、再び吉田隆子の名を目にする。三岸節子の夫好太郎は、生きている間女性関係で節子を悩ませた。その愛人の一人が吉田隆子であった。彼女も恋多き人だったのかと、一人の男性を挟んで対峙するほかなかった節子と隆子の悲しみを思った。

時は遡り１９９７年の札幌、「三岸好太郎美術館」へと足を運んだ。北海道ならではの広々とした敷地にあるアトリエを模したそれはとても瀟洒だった。そのこぢんまりした居心地のいい場所で、たっぷりの時間を過ごした記憶があり、それが初めて三岸好太郎の作品と向き合った時間でもあった。そして作品の中で「オーケストラ」は一番印象に残るものであった。同じ主題の現存する一つが宮城県美術館にあったので、その印象と重複してしまったのかもしれない。オーケストラをかくも抽象的でありながら、そのハーモニーを浮上させるような描き方、色合いも灰色に明るい黄色が印象深く、洗練さ

れた絵だった。

画集のほか伝記類もパラパラとめくりながら、とにかく生前は貧困に苦しんだ様がわかり、その犠牲となったのが妻の節子だったということが、好太郎の生涯よりも深く響いてしまった。天才の夫との壮絶な10年余りの結婚生活、彼の夭折により開かれた節子の画家人生は、なんと皮肉に満ちていることだろう。その記念館での出会いで、節子は大好きな画家の一人となった。

その後２００1年、名古屋出張の折に「三岸節子記念美術館」へと赴いた。自画像を始め、好きな花の絵を堪能した。圧倒する筆の力は彼女の生き方そのものだったのだろう。豪胆な魂からあふれた絵は、心というより、体の奥底に深く訴えるものがあった。

そして最近「あ、こんな本あった」と本棚から手に取ったのが『炎の画家三岸節子』（吉武輝子著　文藝春秋　1999）であった。そこには、すでに吉田隆子のことは記されていたが、当時は読み過ごしていたのだ。好太郎にとって、吉田隆子はあまたの女性たちとは一線を画す、熱愛した女性だったのだ。

「隆子を熱愛した好太郎は、女性関係にはだらしなかったが、女性の本質を見抜く目は実に確かであったといっていい」。また、好太郎のアトリエは、本人に使われることなく、未完のまま膨大な借金とともに残された。節子は資金繰りのための絵を描き、苦労して完成させた。そして三岸好太郎美術館は、そのアトリエのイメージを組み込んで建てられた。

旅によってつながる、亡き人々の痕跡、絵と歌曲、前世の因縁から離れて、彼女たちの芸術はその価値をつなげるのだ。

『コンコルド広場の椅子』

長野県に別の用事で行ったついでに「東山魁夷館」を訪れた。エントランスへと誘導する空間が広がった。借景に水を配した端正な佇まい、どこかで見た風景、土門拳記念館と通じる。連れの友人も同意見、確認したところ予測にたがわず谷口吉生の設計であった。美術館の建物の占める割合は、図書館などをはるかに凌ぐだろう。それが内包するすべてに通じる場合がある。

東山魁夷館は、長野県信濃美術館の一角を有しており、決して大規模なものではなかったが、その展示を見て驚いた。今まで大きな展覧会にはそれなりに足を運んでいるつもりだった。それなのに、ほとんどが初めて目にする作品であった。「日本画への出発（２０１６・６・２〜８・２）」のタイトルのもとの絵の展示、大作のためのスケッチもたくさんあった。どこかで見たような光景が広がる絵が連なる。「ドイツ・オーストリアの旅」は私の旅行地と重なる部分はなかったが、その風景の既視感はぬぐいきれない。多分にそれは風土の持つ地霊のようなものではないかと、身勝手な解釈をしながらの鑑賞であった。

　そういえばデンマークのコペンハーゲンで、夕暮れ時運河沿いに港を散策していた。以前は倉庫だったという建物、旅の仲間が「今ここホテルなのよ。予約する時、ここもいいかなと思ったのだけど……」。茶色のレンガ壁に窓が美しく切り取られている。写真に収めた。そして帰国後、宮城県美術館で開催の東山魁夷展で出会ったのだ、「倉庫」と題する絵に。その時も強烈な既視感にとらわれて見入ってしまった絵である。あのコペンハーゲンのホテルに違いない、調べると１９６３年コペンハーゲンでの製作である。撮ってあった写真も確認して確信に至った。東山魁夷と同じ風景を見たとて、それがどうした？なのだが、小さな符牒がとても嬉しかったりする。大げさに言えば人生の喜びでもある。

そして美術館には、詩画集『コンコルド広場の椅子』の原画の展示だった。私のお宝の一冊なのだ。１９７６年求龍堂発行であるが、求めたのは１９７７年であった。１９７６年、私は初めてのヨーロッパ旅行でパリを訪れた。多分にそのパリを、自らに取り込みたくて求めたのかもしれない。私が座った椅子は、コンコルド広場ではなくリュクサンブール公園のそれであったが……。件の詩画集の原画、さまざまの椅子の表情、形も色ももちろん素材も違う椅子は、まるで人格を備えているようだ。最後の方は椅子がパリの市街地を浮遊し始める。エッフェル塔を、ノートルダム寺院を、そしてサクレ・クール寺院の方まで飛んでいくのだ。そのシュールさは、まるでシャガールのようだ。淡い美しい色合い、ここにも心に深い静けさをもたらす彼の絵がある。

映画のタイトルに軍配？

例えばシェイクスピアという日本語表記が完成？するまで、「沙翁」から「セースピア」等があり、現在に至っている。夏目漱石の『吾輩は猫である』の中には、ギリシア・ローマ人をはじめ西欧人の表記が面白い。今では通例の「ヘロドトス」が「ヘロドタス」とあり、読本の「リーダー」は「リードル」となっている。わずか百年ほどなのに、これら表記の統一は、さまざまのことが相まってなされたのだろうと推測する。つまり、その要因の一つを図書館の書誌情報の統一とか、著者名典拠が整ってきたことと関わりがありそうだと元図書館員は考える。

さて、図書館学で「資料組織概説」という科目を担当していた。これは資料の整理法（図書館用語で目録をとる）を日本共通、世界共通の規則に基づいて教えるのである。資料からピックアップした書誌情報をできるだけ簡潔に記述する。これがポイント、しかし、その基本事項から漏れるもので、どうしても記述しておきたいものがあった場合「注記」として、それを付す。

その例として授業で取り上げていたのが、翻訳物の原書名である。Little women, by Louis May Alcott.。これが現在の『若草物語』になるまでの変遷書名を列記すると『四少女』『四人姉妹』『愛の姉妹』『四人の少女』『リトウルウィメン』『四人姉妹物語』『若草ものがたり』等々。それではなぜ『若草物語』になったのか、それは映画（１９３３年、ジョージ・キューカー監督、キャサリン・ヘップバーン主演）の日本語タイトルに因るのである。日本では１９３４年公開とある。国立国会図書館の蔵書検索をすると、『若草物語』出版年が推測の域を出ないものを除き、初見されたのが次のデータである。

『若草物語』オルコット原作　矢田津世子譯編　少女畫報社　１９３４

まさに映画公開年、見事な映画の邦文タイトルに、出版界がそれを拝借したのだろう。蛇足であるが、翻訳者の矢田津世子は、坂口安吾の想い人という知識しかなかったが、この名作に関わっていたとは、驚きである。

そして最近ドリス・レッシング（２００７年度ノーベル文学賞受賞、イギリスの作家）の『夕映えの道』（集英社　２００３）を読んだ。あとがきに「この本の『夕映えの道』という美しいタイトルは、この原作をもとにして作られたフランス映画、『ルトレ通り』（２００1年、日本公開２００３年）のために選ばれたものだ」とある。残念ながらこの映画は見逃しているが、本の原題は『The diary of good neighbour（『よき隣人の日記』）。邦文タイトルが原題を凌駕した例と言えるが、ここにも映画の介在があって興味深い。

『世界を変えた100の本の歴史図鑑』余話1

私はアーティチョークが大好きである。その発端は、在米中、知人の娘さんがシカゴにおり、しばらくお世話になったことがある。日本語をしゃべり、日本食で息抜きをして、本当に助かったのだが、そこでの初体験がアーティチョーク、日本では食べたことがなかった。茹でた萼《がく》やつぼみの芯をこそげ取る食べ方だが、妙にくせになる味だった。

その後ミラノへ行った時、スパゲッティにもピッツアにもふんだんにアーティチョークが入っており、日本ではお目にかかれないそれを、堪能した。ベルリンでも朝食に供されていたオイル漬のそれを、毎朝食べた。香港のメキシコ料理の店のタコスにも、それが嬉しくなるほど入っていた。

ところで『世界を変えた１００の本の歴史図鑑』（ロデリック・ケイヴ、サラ・アヤド著　大山晶訳　原書房）であるが、大部なもので、タイトルの示す通り本の歴史図鑑である。副タイトルは「古代エジプトのパピルスから電子書籍まで」となっている。構成は時代時代の契機となった本が紹介されていて、興味が尽きない。そして「罪と罰の項目」の中に『ニューゲイト・カレンダー』が取り上げられている。18世紀のイギリスの一般家庭にあった本の筆頭が聖書、それに続き『天路歴程』、二番目が本書であった。刊行された背景は、犯罪者等のセンセーショナルな記録の月刊小冊子から始まったという。なんと公開処刑で罪人に与えられたのが「ケイパーソースを添えたアーティチョークの朝食」という記述、これらを読むことで人々は興奮したそうである。現在の週刊誌的ネタは18世紀、異国でも何ら変わりがない。アーティチョークは、当時の食事情ではご馳走だったのか、その真意まではわからないが、それにしても、やはり本は思いがけない記録があって面白い。

『世界を変えた１００の本の歴史図鑑』余話2

「動乱の20世紀」の項、司書の仕事の専門化に伴い、図書館の向上に大きな役割を果たした女性二人の名前が列挙されている。一人はアメリカのピアモント・モルガン図書館のベラ・ダ・コスタ・グリーン、素晴らしい蔵書構築をおこなった。女性であっても図書館のグランドデザイン（全体構想）を描くことができたのだ。そしてもう一人が、レーニンの妻ナデジタ・クルプスカヤで、ロシアの公共図書館の内容を充実させたとある。この辺りの文献は少なく（情報不足かもしれない）雑誌論文にあった一つがヴェ・イ・ヴァシリチュンコ著、近野チウ訳「レーニン及びクルプスカヤと図書館」（『私立大学図書館協会会報』

（20,1957）所収）である。

これによればレーニンは国民教育を目的とする施設として図書館に目をつけた。そして、全図書館の最大効果のある利用法として図書館相互組織を考えていた。ILL（図書館間相互利用）の歴史をひも解かなければ軽々しくは言えないが、レーニンのこの構想は、20世紀初頭の当時としては、画期的なものであろう。ヒトラーが密かに世界美術館を構想し、海外の主要な美術品を収奪していたのとは違う。レーニンは図書館的観点から評価できるのであろうか。そしてその実践をさらに広めたのが、レーニンの妻でもあったクルプスカヤであった。合理的図書館事業のための図書館網を組み立てることを説き、「閲覧者に図書を接近させる為に全力を尽くすべきことや農村読書室及び移動図書館その他を開設すべきことや、図書館の中には紹介目録や便覧等を備えておく必要がある等のことを書いている」、つまり、移動図書館やレファレンスコーナーまで示唆していた。彼女もまた図書館のグランドデザインを描いていることに感動を覚える。因みに訳者の近野チウ氏は東北学院大学図書館所属（当時）となっている。

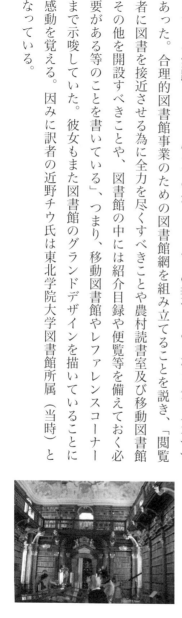

ささやかな確証

『N響名曲事典』。何度も訪れているのに本棚にあるそれに気づいたのは、一緒に行った弟だった。司書の大先輩のお宅。ご夫君はT大経済学部教授であったが、お二人ともクラシックがお好きで、その造詣も半端ではない。そのお宅の応接間の本棚にあった事典である。音楽関係のレファレンスは、所属していた大学の性格上あまりなかったから、その事典のタイトルも初めて目にするものだった。まず、こんな本が出版されていたことの驚きがあった。昔国内オーケストラと言えばN響だった時代だからだろうか。その内容はNHK交響楽団で演奏した曲目解説であった。何気なく索引はどうなっているのだろうと、本の後ろの方を繰った。そこには、N響公演記録が記載され、見覚えのある名前を発見したのである。

『N響名曲事典』第5巻（NHK交響楽団編　平凡社　1958）
N響公演記録Ⅱ
P.363　1933年　122回　シフェルブラッド（指揮）
シューマン　ピアノ　甲斐美和子
P.365　1935年　155回　シフェルブラッド（指揮）
リスト　ピアノ協奏曲第一番　ピアノ　甲斐美和子
*5月17日　放送聴取者200万突破記念（フィデリオ）日本青年館より中継

甲斐美和子は、1933年と1935年、どちらもシフェルブラッド（指揮）でのピアニストで、シューマンとリストのピアノ協奏曲を演奏していた。
私は日本図書館研究会の女性図書館職研究会・図書館職の記録研究グループ

に属していて、『図書館への思い　図書館職の記録　書誌リスト』（２０１３）を編集した経緯がある。その仕事をする中「あるライブラリアンの軌跡／奥平康弘著」と題する小文を『図書』（７６２、２０１２・８）で発見した。それが甲斐美和（こちらが正式名称）との出会いである。アメリカのコロンビア大学図書館で、日本研究の比類なきライブラリアンとして２０１１年、98歳の生涯を閉じた。カリフォルニア生まれだった彼女は、１９４２年、ユタ州日系米人強制隔離収容所に収容された。収容所を出た後、彼女の図書館人としての人生が始まった。コロンビア大学図書館で、日本文学の優れたライブラリアンとなり、全米の研究者のみならず、渡米する日本人研究者へも多大なる貢献をした。退職記念に、全米の日本研究家たちが、図書館の前庭に一本の桜の木を植樹したというエピソードからも、彼女の有能さ、人柄がうかがえる。

そして、彼女には封印された過去があった。戦前日本で輝くべきピアニストとしての経歴があったのである。奥平は、なぜ彼女はこの名声を捨てたのか、「甲斐美和の謎」としながらも、それは謎のままそっとしておくと筆をおいている。ドナルド・キーンとも交流のあった甲斐であるが、キーンは部屋に置かれたグランドピアノは見ているが、それを弾く姿は見ていない。誰にも語らずに彼女は逝ってしまったのだろうか。これは、全くの私見であるが、脚光をあびる舞台から自らを黒子に落とす「無名化」は、図書館員資質とも言えるのではないか。先天的にライブラリアンとしての何かを備えていたような気がしてならない。もちろん、彼女のピアニストとしての才能は、知る人には惜しまれたに違いないけれども……。

そして『N響名曲事典』に戻ると、彼女の日本での活躍を記録したものとしてのささやかな確証を得るものだったのだ。初演の１９３３年はちょうど第一回日本音楽コンクールピアノ部門で優勝した年である。改めて記録の凄さ、その資料の緻密さを感じた出来事であり、久々に本に呼ばれた？（弟が見つけたものではあったが）瞬間のような気がする。

余話。滞米中にコロンビア大学にいらした牧野康子さんをたより、極東図書館を見学したことがある。その時にカウンターのところで偶然ドナルド・キーン氏をお見かけした。「毎日いらっしゃるの」と牧野さん、挨拶を交わされていた。キーン氏も図書館のヘビーユーザーだった。

「殺人兵器」

E・L・カニグズバーグもアメリカ人だなぁと、びっくりする記述にであった。つまり、アルファベットが世界の中心（文化も含めてであるが……）という発想が、著しい点においてである。「私には中国の人たちがやっているみたいに、アルファベットを使わずに図書館で調べものをするなんて、想像することさえできませんでした（ちなみに毛沢東は北京大学の図書館で司書をしていたことがあります。）。」（『トーク・トーク　カニグズバーグ講演集』）。

ここで彼女は、資料整理の方法、辞書の引き方を何度も何度も説明を受け、アルファベットを使わずに、抑揚を変えることで意味が違ってくる中国語に驚いている。人間の思考を形成する言語はヨーロッパ言語だけではないのに、そのことを認識しないアメリカ人は、結構多いと想像できる。しかし、カニグズバーグでさえそうであった驚きは大きい。毛沢東が司書だったことは初耳である。

だったら、日本語だって同じだよと思いつつ読み進めていくと、そこにはさらに大きな偏見が横たわっていた。彼女はオーストラリアの航空雑誌に、東京外国語大学で学んだオーストラリア女性の記事を目にする。「日本語にはtruthにあたる言葉がありません。日本人は『それはまちがっていることだからしてはいけない』とは言わず、『人が見ているから、してはいけない』と言うのです」。4年も日本に住んでいて、何にも学んでいないのかと、あきれるばかりだ。当然カニグズバーグの驚きは、そんなものを超えていた。truthがない国、とんでもない国日本！が頭をかけめぐる。そして彼女の作品を翻訳していた岡本浜江に手紙を書く。岡本は、当然大変な誤解であり、日本人に対する侮辱であると返事を書いている。「私たちにだって信念もあれば、思想もある。意見もあれば、概念もあり、truthに対応する言葉だってちゃんとあります。シ

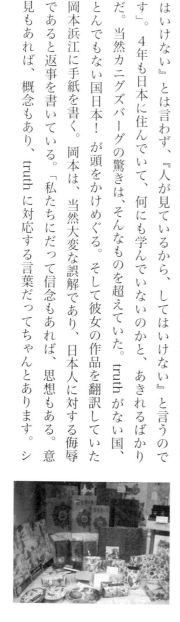

ンジツ（真実）、シンリ（真理）、あるいはマコト（誠）がそれにあたります。truth なしに、どうやって私たちは生きていけるのでしょう?!」。

ここでカニグズバーグは言う。中国語や日本語、日本文化への誤解を超え、改めて、言語の持つ意味を問い直す。言語は時々とんでもない「殺人兵器」となると彼女は警告しているのである。だからこそ、児童文学作家として「子どもたちにちゃんと考えが持てるように言葉を差し出してやる」ことが、自らの責任だと語る。その言語が兵器とならぬように、注意深く扱わなければいけないと。

しかし、現在世界を覆っているポスト・トゥルースをみると、実際に某国大統領はとんでもない言語を駆使している。言語が殺人兵器になってしまったではないか。「言葉は私たちの思考を明確にする」はずなのに、思考世界は混沌という沼にはまり込んだようだ。カニグズバーグはすでにそれを予兆していたとも言える。

石井桃子とＣＩＥ図書館

２０１５年５月、仙台で「児童図書館の基本を学ぶ出張キャラバンin宮城」（東京子ども図書館主催）が開催された。そのプログラムの中で石井桃子フィルム『ノンちゃん牧場のこころみ』の上映があった。監督は森英男、フリーの映像作家でこのドキュメンタリーを制作した。石井が戦後鶯沢村（現宮城県栗原市）で開墾生活をしていたのを知ったのは最近のことだった。石井の著作『山のトムさん』を通してであるが、ある意味大衝撃を受けていた。居住地と非常に近いことに加え、こんな辺鄙な田舎で、農業と牧畜に携わっていたことは……。さらに『ひみつの王国　評伝石井桃子』を読むことによって、その様子はより

詳らかになった。『幻の朱い実』から想像される石井とは、あまりにもかけ離れたものに映った。

そして、その上映会での森英男の話には、別の驚きがあった。石井は当時仙台ＣＩＥ図書館を利用していたというのだ。ＣＩＥ図書館とは、戦後占領軍のＣＩＥ（ＧＨＱ民間情報教育局）が日本各地に作った図書館である。それまでの暗いイメージだった日本の図書館像を払拭するとともに、資料を直接手に取ることができるという開架システムも画期的であった。拙論文「ＣＩＥ図書館の女性図書館員たち」（『図書館界』56（４）２００４）を執筆した時、情報収集アンテナにはかからなかった。The Horn book magazineというアメリカの雑誌に"American children books in Japan"として掲載されていたからである。それは編集者あてに石井が書いたもので、以前『クマのプーさん』の翻訳時に質問を送り、丁寧に返答があったことへの感謝とともに、自分の日常を書き綴っている。以前は東京で子ども図書館を開いていたが、今は生活が苦しい状況で、東京を離れ農婦をしている旨がのべられている。そしてそこに、仙台ＣＩＥ図書館へはるばる60マイルも行ったのに、お目当てのHorn bookは見つからなかった。司書もその本自体を知らず、落胆した様子が書かれている。

改めて、まだ公共図書館が普及していなかった戦後日本での、ＣＩＥ図書館の果たした役割を再認識する思いであった。その利用者に、精神科医中井久夫やノーベル賞作家の大江健三郎に加え、石井桃子の名も加える必要があろう。

イスタンブールと上野の図書館

映画のテーマ音楽で心に残るものは多々ある。しかしＴＶドラマでこれほどまで、まさに激震を受けたような思いをしたのは向田邦子脚本の「阿修羅のごとく」であった。トルコの軍楽曲、それまで聞いたことのない、全く異質のものであった。荘厳とさえ言える重々しい不思議なメロディー、ズシーンと心の奥深くに置かれたまま歳月は流れていた。そのドラマは、それまでの生温いホームドラマとは対極をなす、人間の内奥を深くえぐり取っていた。それになんとしっくりと溶け合っていたか。曲のオリジナルは、向田がトルコ旅行の時に出会ったものだという。センスの良さは音楽にもたけていたのかと、感心するばかりであった。

向田の後追い旅行を試みたわけでもないが、彼女の死後しばらくして、トルコ旅行の時にその原曲を聞く機会があった。イスタンブールの軍事博物館、外には夏のまぶしい光があふれ、噴水がトルコブルーの空に向かって水をはじいていた。そこに、さまざまの色彩の衣装をまとった軍楽隊の登場であった。ヨーロッパ音楽とは全く土壌を異にする響き、管楽器の野太い音色と、多種多様の太鼓の音が溶け合った勇壮な音楽、トルコの音楽だった。

その「阿修羅のごとく」で一つだけ意にそわない部分がある。拙書「映画と司書」(『司書はときどき魔女になる』所収)に書いているが、四人姉妹の三女が公立図書館の司書として登場する。それがもって、非常にダサいのである。一般的に司書のイメージはこんなものかという例かもしれないが、その原点?となったものを発見した。

向田邦子の図書館利用の様子が書かれていた。

「あれは昭和二十――何年のことだったのだろう。私は日曜になると、上野の図書館へ出かけていた。新円切り換えに食糧不足が追い討ちをかけて、暮し

は食べるだけで精いっぱいであった。学生だったが参考書までは手が回らず、親戚に居候の住宅事情の悪さもあって、私の勉強部屋は、もっぱら上野の図書館であった。

あのころの学生は、陰気だった。

暗い服を着た暗い顔の行列が、朝早くから暗い建物の前に並んでいた。父のワイシャツを仕立て直したブラウス、黒ギャバジンのスカートに運動靴をはいた私もその中にまじっていた。

学生証を見せて閲覧券を受け取り、借りたい本の名を書いて提出する。大きな部屋で自分の名前が呼ばれるのを待つのである。この部屋も薄暗かった。

係りは紺の上っぱりを着た中年の女性であった。無表情な声で、「ヨシダシゲルさん」といった（傍線筆者）」

（「宰相」『眠る盃』所収）

この文章を読んで納得したのである。あか抜けないスクエアな司書像が向田の中で作られたことを、前記の文章は如実に語っている。

家族の風景　～向田邦子のまなざし

街に出る文学、ライブ文学館スペシャルとしての、仙台文学館主催の催し物があった。ちょうどこの本の原稿で向田邦子のものを再読したばかりだった。第一部はドラマ「阿修羅のごとく」のテーマ音楽で始まった。トルコの軍楽曲(Ceddin Deden)、あの独特の音楽は一度聴いたら忘れられない。ピアノとヴァイオリン、それにバンドネオンの合奏、三人は宮城、秋田、山形出身の若手、選曲も素晴らしくAmazing Graceや流浪の民、最後のLibertangoととてもいい演奏だった。その演奏の合間に、アナウンサーの山根基世さんの朗読が入る。エッセイはこの本で取り上げたものとかぶる部分があって、これも驚

いたが、さすがプロという、ゆったりしつつも、さわりを押さえた朗読である。

第二部は「字のない葉書」に書かれた妹和子さんと山根さんの対談だった。向田邦子のことに関しては、死後に出版されたものもかなり目を通しているつもり、知悉《ちしつ》しているつもりだったのが、和子さんの話にまたまた驚くことが隠されていたのだ。『父の詫び状』のエピソードは向田家が仙台在住の頃のこと(年譜によれば昭和21年から25年まで)、邦子と弟の二人は東京の祖父宅に寄宿していたが、春夏冬の休みごとに帰省して、それはめまぐるしく家の手伝いをしたそうだ。布団の打ち返しや洋服作り等、家事にいそしんだ。そういえば、和子さんの洋服は制服をも含め、セーターまで全部邦子の手作りだったという。もちろん自身の洋服もほとんどそうだったそうで、その器用さには、改めて驚嘆を禁じ得ない。だから、邦子が読書をしたり、勉強したりする姿はほとんど見たことがないというのだ。とにかく面倒見がよく、どこへでも妹和子さんを連れ歩き、スキーでも自分が勤務した会社へも、だから、邦子が勤務した最初の会社の社長からすべて、和子さんは知っていると話す。邦子の給料が潤沢だったわけではなく、他にたくさんのアルバイトをして、それらの費用を賄っていた。仙台時代は、よく映画にも連れて行ってもらったらしい。『石の花』（1946）は最初の総天然色映画だったとか、印象に残っていたと話された。

仙台時代の家族の様子、まず戦後食糧難の時代、東京から来た目にはその豊かさに驚いたそうだ。また父親はよく遊んでくれ、ピンポン、釣り、トランプ、そして麻雀など、その麻雀、4人必要なので近所の人に声をかけるが、足りない時は家族でやっていたという。

和子さんの邦子像は、いつも対等に扱ってくれたという。押しつけがましさが、全くなかったそうだ。また、「字のない葉書」に書かれた事実を直接邦子に言ったことはないのに、書かれていた驚きも語っていた。いろんなことを家族にも取材？していたらしい。あらゆることにまめな人であったのだ。向田邦子という人は……。

懐かしさがあったのだろう。和子さんがタクシーに乗って（仙台市内）、昔住んでいた琵琶首町《びわくびちょう》のことを尋ねたそうだ。すると、もう今はない町名だと言われた。確かに聞いたことがない。が、そこには、驚くべきことがあったのである。なんと、イベントに一緒に行った友人が、幼少期に住んでいたというではないか。琵琶首町、今は地名変更で大手町となっているが、向田家の数軒隣に友人の叔母様の住まいがあり、当時友人が同居していた祖父母様は、同町内で酒屋を営んでいたという。

これも驚きだった。今まで向田家の仙台時代は、全く接点のないものだったのに、友人の時空間と交錯していたのかと不思議な思いにとらわれる。そして、講演などのライブは、著作からだけではうかがい知れないものをたくさん内包しているものなのだと、それに参加する意義を改めて思う。この仙台文学館のライブは、第一部の音楽と朗読も、第二部の対談も非常にセンスの良いものであった。

非ベストセラー

第三〇回生活者大学校が、２０１７年4月15日、山形県川西町フレンドリープラザで開催された。この地、井上ひさしの生誕地、イザベラ・バードが『日本奥地紀行』の中で「東洋のアルカディア」と言った置賜盆地の中心、現在では「遅筆堂文庫」で有名な場所である。

この生活者大学校、遅筆堂文庫ができた時、井上ひさしの「図書館は人を待つだけではダメ」という言葉から始まったという。第三回吉里吉里忌の前日の催しである。その副校長の山下惣一氏は、農業を続けながら作家活動もされている舌鋒鋭い方であった。その話はまさに農業から世界が見える面白い話が満

載、そして、彼が手にしていたのが『農業論調の軌跡』（秋田義信編著　青森県りんご協会　２００８）である。この学校が始まった１９８９年頃は、農業バッシングがひどくて、それも開校した要素の一つと語ったが、その本は新聞や雑誌に載った農業に関する著名人たちの言葉を編纂したものらしい。農業保護政策を続けると日本農業はつぶれるとか、評論家竹村健一やダイエーの元社長中内功の言葉が引用された。農業自体を理解していない論客のそれが、いかにいい加減かつ無責任だったか門外漢でも察知できた。山下氏自身もこの本がいかに優れているかを語っていたが、そういう仕事は本当に大事で、そのような記録を残したのは凄いと思いつつ聞いていた。

因みにその優れものの本について、タイトルのみ控え、帰宅後に検索した。国立国会図書館には所蔵なし、ひょっとしてタイトル間違えた？と思いながらもCiNii（国立情報学研究所　学術情報ナビゲーター）を検索すると、驚くことにデータがあったのである。その所蔵館がたった一校、弘前大学だった。さすがよくぞ所蔵していてくれた（因みに公共図書館は検索していない）。この編集作業、クリッピングをするだけでも大変なのに、本としてまとめ上げた。

市井にもライブラリアン気質を持った方が存在すると、嬉しくなった。このような類の本は、決してベストセラーなどにはならない。話題性も乏しい。けれども後年に農業全般を振り返る時に、優れた資料となることは間違いない。陽が当たらないけれども、必要な仕事。宮沢賢治の「雨ニモマケズ」精神のようである。

遅筆堂文庫まで

井上ひさしの著作『本の運命』（文藝春秋　１９９７）は、図書館情報満載の書である。と言うよりは、彼自身が図書館を作ってしまう物語なのであるから……。著者と図書館の関わり、ベタな解説になるが、それを時系列にたどってみることにする。

まず中学生になって本格的に本が読みたくなった。以下引用。

「『図書館に行けばいいじゃないか』……ところが、町の図書館には、なんと本がないんです（笑）。

いまでも覚えてますが、図書館の全蔵書はたった九十六冊。仲間といっしょに全部数えてみたんです。それが本棚の隅にちらほらと置いてある。しかも、大正時代の健康法とか、農作業の指導書といったものがほとんどです」

ここで驚きを禁じ得ないのは、たった96冊の蔵書でも町に図書館があったという事実である。中学時代というと１９４７年頃であろうか。山形県西置賜郡羽前小松町、小松座という芝居小屋もあったというから、どこか他とは違う文化の香りをその頃から忍ばせていたのだろうか。

彼は仙台へと移り住み、宮城県立仙台第一高等学校に通う。その初代校長が『言海』を編んだ大槻文彦。そのせいか図書館は新しく、相当な辞書が所蔵されていたという。入学式の時、校長先生が「わが校は蔵書五千冊」と威張ったそうだが、その本の並ぶ様に興奮したとある。そして、

「五千冊なんて、いまなら田舎の村立図書館にも及ばないでしょうが、なにせその前が蔵書九十六冊ですから、「ははあ、これが図書館というものか」と——(笑)。

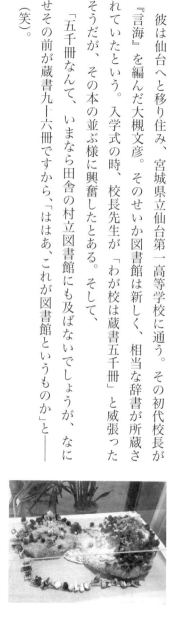

興奮したついでに『三年間にこの本を全部読んでやろうじゃないか』という誓いを立てて、友だちに宣言してしまった」

その宣言は守られなかったというが、これがいわゆる彼の図書館初体験とも言えよう。高校時代、読書のほかに映画三昧の生活で、受験勉強などできるはずもなかった。その結果受験は惨敗だった。国立はだめで、早稲田大学は補欠、しかし当時できたばかりの慶応義塾大学の図書館学科に受かった。これもまた興味深い。そこに進学したら図書館員になっただろうかと、想像がふくらむ。

しかし慶応の図書館学科は、新設で学費が高く、滑り止めで受けた上智大学へと入学した。彼が入っていたカトリック施設の院長先生の嘆願もあり、月謝の免除と奨学金も付与されたのだ。しかし入学してみると、諸々の要因から大学が嫌になり、夏休みに母親のいた岩手県、釜石に帰ったままとなる。当時釜石製鉄所は、日本の高度成長期と相まって発展を遂げていた。工場も24時間体制で動いていたため、図書館も24時間営業だという。これもまた驚きである。そして母親のつてでもって、図書館の本の整理を手伝うことになった。この時代に井上ひさしが生成されたのではないかと、当時読んだ本の記述を見て考えた。江戸時代の黄表紙、それは方法論の宝庫、そして推理小説、これでもストーリーの作り方の上手さ等を学んだという。そして自分が何者かも見えてきた。

「図書館は『本の大海』です。その中を好き勝手に動いているうちに、自分の航跡が見えてくる。それがどうやら『読んでたのしい小説』『観ておもしろい戯曲』らしいと見当がついてきたのですね。ほんとうに図書館は大事です」

そうこうして、自分の目的がはっきりしてきたので、彼は大学へと戻る。そして大学図書館へと通いつめるのだが、これがひどかったとある。夜8時まで開いていたが、それまでに返さないと次から借りられない。1秒でも過ぎると返却を受け付けてくれなかった。その厳格で意地悪な館員に仲間と仕返しをする話が痛快（貴重書を盗んで神田に売りに行き、寿司をたらふく食べた――司書の立場に立つととんでもない所業だが）である。その人は後に有名な評論家になったという。

「図書館で大事なのは館員ですね。館員が、同じ本好きの立場で、『わかった、わかった。一秒遅れたけど、返したことにして上げよう』と言ってくれれば、僕は図書館離れしなかったかもしれない」

この後、赤坂離宮にあった国立会図書館のことが書いてある。借りるのが面倒、手間と時間がかかるひどい図書館だったとある。利用者が主人であるということがわかっていない。意地の悪い館員のいる大学図書館、威張っている国立国会図書館で、すっかり図書館が嫌になり、自分自身の図書館を作るきっかけになったとある。

図書館は嫌いになったけれども、図書館への情熱も理解もあり、この本には海外の図書館、ことに児童図書館事情や、レファレンスについても言及してある。そして最後にふるさと創生資金を元に、今の立派な川西町フレンドリープラザができたのである。図書館に劇場もある。その図書館こそ、井上ひさしの蔵書がそっくりそのまま寄贈された「遅筆堂文庫」となる。

ヴェネツィアの三人の女性

春めいた光がヴェネツィアの海面にきらきらと反射していた。中心部の雑踏から外れた場所で水上バス、ヴァポレットを降り、宿へ向かう途中のことである。

「確かこの辺りなのよ、須賀さんの本に書かれている場所」と一緒に歩いている従妹が言った。それは「ザッテレの河岸で」（『地図のない道』新潮社1999所収）に書かれたインクラビリ（治る見込みのない人たちの病院）のことであった。

前記のエッセイの内容は、須賀敦子がヴェネツィアで偶然目にした〝インク

ラビリ〟という語に重い衝撃を受け、それはどんな場所だったのかと、文献や絵、ヨシフ・ブロツキーの本から思いをめぐらす。たどり着いたのは、もう治らない病、つまり梅毒に罹った娼婦たちの終の棲家＝病院だったという事実が重かった。

その時は特別深追いもせず通り過ぎていた。旅の高揚感の方がまさっていた。しかし、後で思い返せば何かの符牒のように思えてならないのである。インクラビリの跡地、ヴェネツィアという地で出会った人々、そして帰国後に待ち受けていた大災厄と、さまざまな見えない時の重なりが今でも心に漂っている。２０１1年2月末のことである。

「チーズコ」とその名をつぶやく二人の女性、ジュリアはイタリア人、もう一人はフランス人のエレーナ、その名前とともに深い悲しみが吐息のように伝わってくる。チズコに私は会っていない。そしてこれからも会うことはない。その名を知った時は、すでに他界した人であった。

その旅の第一の目的は仮装で有名なヴェネツィアの祭(カルナヴァル)であった。しかし祭の常識としてその期間のホテル代は高い。それよりも予約することさえ難しい。ミラノに住んでいる従妹は、地元ならではの情報網で別のつてがあった。以前に行った個人宅のB&Bがとても素晴らしく、いつか連れて行きたいと話していたのが実現することになる。彼女がその予約のため電話をすると、宿主は夫を亡くしたばかりで嘆き悲しんでいるところだったという。それでも、逆に客があれば気が紛れるかもしれないと、快く引き受けてくれた。その宿主がジュリアである。

予約の電話で従妹は、また別の人の死を知ることになる。そもそもその宿を紹介してくれたチズコ。従妹とはトリノの合唱団の仕事の時、同室で友人になったという。彼女はヴェネツィアに住み、同じく歌を教えていたことでジュリアとの関わりがあった。だからジュリアは短い間に夫と親しいチズコを亡くしていた。

これも5～6年くらい前だろうか。従妹から素敵なスカーフのプレゼントがあった。「世界に一枚しかないスカーフよ」と渡されたそれは、私の大好きな灰色がかった薄いグリーンの地に、青や緑を主調に、大胆な筆致で抽象的模様が描かれていた。それ自体が絵である。渋い印象ではあるけれど、強烈な個性を持つものであった。その作家がエレーナである。彼女もチズコと非常に親しい間柄であったという。もちろんジュリアとも親しい。

エレーナとは彼女のお店で会った。その時はまだフランス人とは知らず、なんと繊細な風貌の人かというのが第一印象である。芸術家であるから当然と言えばそうであるが、美しさと優しさが同居した、それでいて悲しげな表情はチズコへの喪失だけではなかった。これにもまた別の死があったのである。彼女も夫を亡くしていた。ヴェネツィアでは高名な画家ボボが彼女のつれあいであった。フランスから来た彼女とボボは出会う。画家としての彼は、エレーナに色の手ほどきをし、布アートで独り立ちできるまでを見届け、逝ったのである。彼の絵はヴェネツィアの画廊のショーウィンドウでもしばしば見かけたが、ダイナミックなタッチの明確な色遣いでエネルギーに満ちている。それはエレーナの描いて染める布アートにも当然のごとく影響を与えていた。最愛の夫の死と友の死、あまりにも痛切な二つの死が、彼女らを取り巻いていた。

二人とも従妹との語らいで、冒頭の切ない「チーズコ」とささやくような物言いで彼女をしのぶのである。ヴェネツィアという土地がそうさせたのか、それを聞いただけで私自身が幽冥の境にいるような錯覚にとらわれる。その言葉を発するたびに、チズコはそこに降り立つかのようである。人は死後、どれだけ何かを残すかは知らない。しかし、残された者たちの思いに宿るものが、匂い立つようであった。

従妹が出会ったチズコは、若いのにすべてを達観したように生きていたのだという。暇があればフランス語の原書で哲学書を読んでいるような人だったという。日本人としても卓越したものを持っていたであろう彼女、いつでも会える、話ができると思っていたのにと、従妹の思いも複雑であった。

若くして渡伊し、声楽をこころざし、それを教えながらこのヴェネツィアで生きた。最後までガンの苦しみに耐え、モルヒネの使用を拒否して自らの死と戦った彼女を友人たちは支え、たたえ、温かく見守った。すべて長生きするだけをよしとはせず、多分に好きな場所で好きな人たちに囲まれ生を全うできたとすれば、これに勝るものはないのではないか。間接的な出会いではあったが、ヴェネツィアを訪れたからチズコと出会えたような気がする。

死の訪れは、それが身近であればあるほど、時が経つと共に鈍いストロークのようにすべてを打ちのめす。年を経るごとに身近になる死、それがロンドのように私たち周りを駆けめぐったヴェネツィアであった。

パートⅢ❖いつも本をそばに
～私のブックレビュー～

不穏の先にたどり着く果ては？

『忘れられた巨人』

（カズオ・イシグロ著　早川書房刊　２０１７）

この作家は、新しい作品の度に作風もテーマも変わり、読む側の既得権の安定など、いとも簡単に崩される。今回は太古アーサー王伝説の舞台に時空を移した。読む前から、独りよがりに『ゲド戦記』的なファンタジーの予感があった。

ブリテン島に住む老夫婦、アクセルとベアトリスは霧の深い沼地に住んでいた。その生活は、決して快適ではない様子であるが、二人は仲睦まじい関係であるらしい。しかし、彼らの記憶は老いのためなのか、何かが阻害するのか、途絶えた部分があり、それがずっとこの小説を支配していく。一体過去に何があり、彼らは何者だったのかと。

『ゲド戦記』は年老いたゲドが魔法を捨てた時に得られた安寧があった。しかし、この物語は不穏なものを抱えたまま、息子の住む村をめざして旅に出る。それが大きな障碍《しょうがい》ではないが、何かと行く手を阻むもの、出会う人がまた見方が敵かもわからずに判断に迷いながら、それでも進み続ける。ああ、これもカフカの『城』なのか、たどり着けない目標なのか。そしてその目的地さえ揺らぐのだ。

戦士のウィスタン、少年エドゥイン、それぞれの使命がありそうだが、それも明かされずに同行する。修道院の賢者、一番の大きな敵である雌竜、それは『ゲド戦記』の竜や『ナルニア国物語』のライオン、アスランとも違うのか。読めば読むほど疑問符が渦巻く展開に混乱するばかりだった。どうも〝善きもの〟ではないのだ、その獣は。それを退治した時に、霧は晴れた。しかし、記憶が戻った先にあったものは、目的がすでに失われたものであった。

気になる伏線が、終盤になって露わになる。「一生を分かち合い、並外れた強い愛情で結ばれた男女は、孤独な島暮らしの心配をせずに島に渡れるという話でした。そういう二人は、それまでの人生でしてきたように、変わらず二人

早川書房刊

一緒の生活を島でもつづけられる、と。」そう言えば『わたしを離さないで』にもこんな設定があった。本当に愛し合ってるなら、生きる猶予を与えられると。話を戻すと、彼らは、一瞬であれ離れ離れに島へ行かねばならない。そこで物語は終わる。結末は読者に預けられたままだ。

終焉を悟ったときに突き付けられるもの、われわれはどこからきてどこへ行くのかという永遠の命題が見える。闇の先に何が見えるのか。

書き続けるべき永遠のテーマ

『片手の郵便配達人』

（グードルン・パウゼヴァング著　みすず書房刊　２０１５）

人生の不条理、戦争の不条理を突きつける物語。第二次世界大戦ドイツの田舎、１９４４年８月から１９４５年５月まで、一月を章立てにして大戦末期の庶民を描く。主人公ヨハンは17歳、入隊直後左手を吹き飛ばされ除隊、以前の郵便配達の仕事をこなしている。

配達しながら郵便物を回収し、毎日山道を七つの村々を周る。「黒い郵便」という戦死通知に心を痛めながらも、職務を忠実に果たす。産婆だった母親はもういない。しかし食事の面倒を見てくれる人もおり、配達先でも皆に愛されている。

次第にドイツに不利になっていく戦況が、農村に暮らす人々にも反映する。

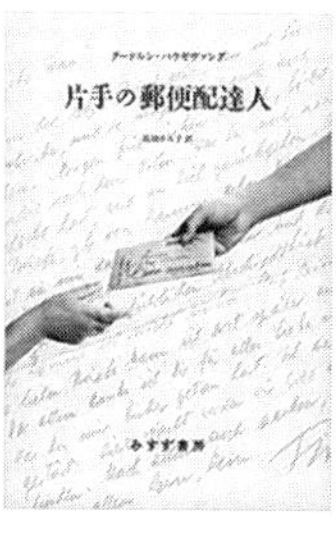

みすず書房刊

戦死や悲惨な怪我、鼻がなくなり恋人も失った人、脱走して銃殺された人、一方孫の死を受け入れられず毎日手紙を待つ老婦人、息子の死の不条理を生き残ったヨハンにぶつける別の老婦人、彼らとの日々の関わりが描かれる。

父のいない家庭で生きてきたヨハンに突然現れた父親、その余韻に浸る間もなく、通りすがりの旅人が、ヨハンのかけがえのない人となる。戦時中でももちろん恋愛はある。しばし二人には戦争が遠のくのだが……。

村の四季の描写がこの作品を重さから解き放っている。ヨハンと一緒に道を歩き、道ばたの花々や吹き渡る風さえ感じるのだ。これらのしばしの安らぎは、衝撃的な結末への序章だったのか。

著者のグードルン・パウゼヴァングは17歳で終戦を迎えた。戦後70年をかけて温められたこの物語、強いしたたかな反戦の思想を、このあまりに不条理な顛末で語る。人の言葉を借りるなら「年表や政治家の演説には浮上しない、文学にしか描けない人々の姿」(「書評欄」『朝日新聞』2016.1.31)が素晴らしい。

国も民族も超える市井の人々の日常
『じゃがいも：中国現代文学短編集』

（金子わこ訳　鼎書房刊　2012）

清水眞砂子さんの文学セミナー（2016仙台文学館主催）の課題本でこの本を手に取った。パール・バックの『大地』（これは厳密には中国文学ではないが）、『ブラック・スワン』（これも在外中国人の執筆）を読んだ以外、中国文学には縁が薄かった。映画は多くを見ているのに……。

読後の第一印象、人間の営みは国、民族の違いを超え同じなのだと思った。短編であるが、構成が巧く、書かれない部分をも含めて素晴らしいものがある。清水さん主催の読書会で、「検閲されていて、真実なのか」という意見も出たそうだけれども、私自身は微塵もそんなことは思わなかった。フィクション、つまり小説への入り込みは一瞬なのだと、〝飛び越えができる〟か否かの違い

鼎書房刊

なのだろう。

「じゃがいも」はじゃがいもの花が美しい田園、そこに住む農夫が病を得、病院へ行くため都会へと行きそして戻る物語だ。夫婦の様を淡々と描く。短い都会での生活に妻と関わる女、人間の心遣いと営みが描かれる。

「雲のうえの暮らし」は、田舎で蚕を飼っていた婆さんが、長男に引き取られてマンション暮らしをする。その情景は日本に通じる。そして絵画的ともいえる終わり。「大エルティシ川」は息子の回顧であるが、家族を捨てて若い男と遁走する母親、その描き方がシュールでさえある。「青い模様のちりれんげ」は、子どもの見事なほどの倫理観を、美しいれんげに託す。これも優れた短編である。所々文革後のインテリの処遇などにも触れられ、決して明るくはない中国の現実も垣間見える。でも、なぜか心温まる話なのだ。

異文化を知ることの大切さを久々にこの本で直面した。十把一絡げにできない中国の市井の人々、しかし人間共通の営みがあって心根が通じる。観光客だけで判断すべきではないという自重をも込めて、この書に対したい。

ラップで語られた革命児 野枝

『村に火をつけ、白痴になれ：伊藤野枝伝』

（栗原康著 岩波書店刊 2016）

伊藤野枝は女性史関連の本には必ず書かれているし、小説では瀬戸内晴美の『美は乱調にあり』が有名で、これで大きな衝撃を受けた記憶がある。ちょうど女性史からフェミニズムと興味が重複する中、関連したものを読み漁った時期がある。そして、この本、なんと評したらいいのか。あっけにとられる今流行りの言葉を駆使した口語体で、まるでラップの乗りなのか、ハチャメチャでありながらリズミカル、読者はその世界に拉致されてしまう。

まず、そのタイトルだ。彼女の小説「白痴の母」と「火つけ彦七」、それらは村の因習社会の生み出す悲惨な話を語る。これらを融合したタイトルらしいが、インパクトがある。彼女の生涯を暗示的に示す優れものだ。それは各章の

岩波書店刊

タイトルも同様「貧乏に徹し、わがままに生きろ」「夜逃げの哲学」「ひとのセックスをわらうな」「ひとつになっても、ひとつになれないよ」「無政府は事実だ」でより明確に彼女のたどった生を、いきいきと浮上させる。うなるほどである。

その彼女の生涯は、一言でいえばとにかくわがまま、三角関係どころか四角関係もなんのその、いまの不倫で〝詫びを入れる〟なんてチャンチャラおかしい。なんだか昔のほうがはるかにおおらかだった。辻潤から大杉栄へと遍歴を重ね、子供を7人も生み、人間は何物からも自由であること、奴隷になったら終わりだと自らの破天荒な人生で示し、官憲の手によって殺されてしまった。壮絶すぎる。でも、こんな女性の歴史があり、『青鞜』があり、今へと続いたと思いたい。

名だたる平塚らいてふも、野上弥生子も、野枝の傍では影がうすい。それに野上弥生子などは、野枝に対してあまりにも凡庸な意見を言っている。魂の欲するままに生を全うした伊藤野枝、ちょうど並行して読んでいた『石川啄木』（ドナルド・キーン著）の啄木のわがままさにもあきれながら、天才は凡人など追いつけないものを得て、人間世界を遊離したかのようだ。

あまりにもリアルな底辺レポート

『子どもたちの階級闘争：ブロークン・ブリテンの無料託児所から』

（ブレイディみかこ著　みすず書房　２０１７）

『図書』に連載が始まった「女たちのテロル」がすごく気になっていた。これまでの階級闘争史や女性史の視点と、明らかに何かが違っていた。気になりつつ、この人何者？という疑問から手にした本である。

こんなイギリスの底辺事情のレポートは、なかった。上流の英国人と結婚した日本女性の文明批評的エッセイは、あくまでもきれい所のみ、赤裸々な現在のイギリスを正面から、いや地べたから書いている。映画『わたしは、ダニエル・ブレイク』（２０１６）で描かれた底辺社会のもっと下層を行く移民社会のイギリスの姿である。

みすず書房刊

エリートでなく、学者でもなく、実体験だからこそ、今まで知りえなかったものが赤裸々に書かれる。一般的と括れない声を拾う、「フェミニズムは白人のミドルクラスの女性にハイジャックされている」という主張から、人種と階級の問題と、宗教と、貧困、家父長制すべてに根付いてくることに、枠を広げていく。底辺でも犠牲になっているのは、人種を問わず血まみれになっている女性たちだということが、痛いほど見えてくる。

「英国最低水準一パーセントに該当するエリア」の施設、完全にヴォランティアで成り立つ底辺託児所の底辺保育士の著者、保護者たちはさまざまであるが、まず見えたのは、外国人差別（著者に対して）はないが、自国の低下層の人々を差別する。人種ではなく階級差別が現存する国、２０１０年英国が保守党政権に移ってまず最初に行ったのは福祉の切り捨てであった。そこから下層の人々はますます行き場を失う。暴力と差別はスパイラルに拡大する。

そんな状況が延々と書いてあるわけだ。辟易しながら読み続けるのはかなりしんどい。預けられてくる子どもは、ほとんどが問題児と言っていい。狂暴さ以外に何もない子、親の発する言葉（放送禁止用語）をそのまま言い続ける子、それらに対処するだけでも、普通の神経では至難の業だ。でもそこで働いている人々がいるのだ。そういう施設があるのだから。親たちのぎすぎすした関係は、当然子どもにも伝染する。しかし、それだけでない時もあって、唯一救いがあるとすれば、大きな溝を埋める？一ミリにも満たない何かなのだ。喧嘩をしながらも、日本のおとなしい幼児たちとは違う、生き生きした部分を著者は肯定する。ただ、気になったのは、日本の事情と比較する時、批判的なものが前面に出すぎたきらいがある。少数派であっても、多様性や周辺への目配りも全くないわけではないのだから。

偏見を乗り越える力を身につけて

『夢の彼方への旅』

（エヴァ・イボットソン著　偕成社刊　２００８）

感受性が鈍ってきたせいもあるかもしれないが、ワクワクドキドキする物語は希少である。そんな中タイトルに魅かれて読み始めた冒険物語、久々に熱中した。帯にある「二十世紀初頭のロンドンからアマゾンの奥地へ」。

現代の秘境はアフリカとアマゾンを残すくらいかもしれない。それが二十世紀初頭、両親を亡くしたマイアが、ロンドンの寄宿学校から親戚が住んでいるというアマゾンへ、家庭教師のミントン先生と向かうのだ。

この少女マイア、そんな僻地へ行くことへの偏見を自らの力で振り払う。それも学校の図書室で見つけた本、「アマゾンを緑の地獄だと思いこんでいれば、このすばらしい土地に恐怖と偏見を持ち込むだけである。その場所が、地獄になるか楽園になるかは、あなたしだいなのだ。勇気とひらかれた心を持ってその地にのぞむ人は、かならずそこに楽園を見出すことだろう」ここにマイアのこれからの生き方すべてが示されていよう。知恵と勇気を持てば、楽園を見出すことができるのだと。

長い船旅で劇団にいた少年クロヴィスと出会う。彼も孤児であるが、運命に翻弄されながら、自分の弱さと闘いながらも旅を続けている。そして親戚のカーター一家は、アマゾンに住みながらもイギリスの様式をそのまま固守し、原住民たちを無視し、マイアを引き取ったのは、金目当て以外の何物でもなかった。

双子の姉妹のいじめにあいながらも、堅物と思ったミントン先生の表立たない庇護の下、マイアは次第に現地になじんでいく。そしてアマゾンの素晴らしい自然に触れ、ある少年と出会う。現地の少年のふりをしていたが、実はイギリスの名門の子孫フィン、彼の父親はその階級社会を捨てアマゾンに来て、インディオの女性と結婚して生まれた少年だった。彼も勇気と知恵、そして夢を持っていた。

フェミニズムの主張を盛り込んだ『アリーテ姫の冒険』（ダイアナ・コール

偕成社刊

ス著）という新趣向の本が１９９０年に出た。王子様を待つだけではない自分で道を探し問題を解決する姫の登場だった。その本について男子学生からの指摘に、はっとしたことがある。「男性が悪として書かれている。魅力的な男性像があって、初めて物語はバランスがとれる」、そんな趣旨だったと思う。その通りだと思った。女性視点が強すぎたと、自らの読み方を反省した思い出である。それからは、いい物語には魅力的な女の子同様、魅力的な男の子が必須だと感じている。この物語はその基準をクリアして、さらに作家の語り口の上手さがある。

典型的で嫌味なカーター一家、ミントン先生の不思議な人物造型と謎、一族の子孫を探す男たち、それらが絡み合って楽しい冒険譚となっている。

データベースは最強の味方

『スピニー通りの秘密の絵』

（ローラ・マークス・フィッツジェラルド著　あすなろ書房刊　２０１６）

物語の雰囲気が、カニグズバーグそっくりと思って読みだした。13歳の主人公セオ、タイトルからして『スカイラー通り19番地』に似てるなぁ、著者紹介に一番好きな児童書の一つがなんと『クローディアの秘密』だ。美術館収蔵品の謎、ミックスした作品なのか、そんなことが先に頭を駆け巡ってしまった。

生活を支えていた祖父ジャックが突然亡くなった。メトロポリタン美術館の警備員、そして画家だった彼の薫陶の元、13歳にしてすでに美術品の目利きに育っていた主人公セオは、「卵の下を探せ」という祖父の言葉から、謎を解き明かす冒険へと繰り出す。生活観念の全くない母親を抱え、お金の工面をしながら、庭で育てる野菜と飼育しているニワトリが産む卵（ニューヨークで自給

あすなろ書房刊

自足?)を食料源とする、地に足がついた冷静沈着な少女である。

この人物設定は、カニグズバーグの少女像を超えているかも。そして最大の共感は、図書館を使いまくっているということ。わからないことは、本を借りまくってその事実にあたるのだ。そして、後に謎を解決するために手助けをするのは、司書であり、巨大なデータベースを検索するリサーチャーである。嬉しくなる展開である。

祖父ジャックの謎の絵、卵の絵の下から現れたもの? それが何なのか。それは知られざる世紀の名画か、祖父は大泥棒だったのか、謎は謎を呼ぶ。その謎解きの過程で、両親が映画俳優という少女ボーディと知り合う。それまで孤独であったセオと、家に集まるパパラッチを尻目にクールな少女は、次第に距離を縮めていく。この友情物語もいい。

絵の謎は、オークションハウスであっさり贋作と決めつけられ、祖父ジャックを疑い、メトロポリタンの彼の上司も巻き込み、知られざるジャックの過去が浮上する。彼は、モニュメンツ・メン、つまり、ナチスが略奪した美術品を奪還し、保護した部隊に所属していた。そして明かされる絵の来歴とその所有者探しが、クライマックスへと導く。

第二次世界大戦、ナチスによって葬られた人々のデータベースが完備していることも、この本で知って驚いた。「ヤド・ヴァシェム」（イスラエルのホロコースト博物館のＤＢ）犠牲者に関する世界一のＤＢであるが、それでも犠牲者のおよそ三分の二しか把握されていないという。二百万前後の人に関してはわからないという事実。生存者に関してはアメリカのホロコースト博物館のＤＢがある。このあたりの検索技術というか知識が素晴らしい。検索エキスパートが登場する。元図書館員としては、ちょっと胸がすく展開がある。

自己を確立した少女たちの未来は明るい。それだけは言える結末である。

言葉を探る物語

『ロゴスの市＝ INTO THE LOGOS』

（乙川優三郎著　徳間書店刊　２０１５）

戦いのように他言語を習得する。高度なレベルの外国語専攻の学生、そうか、このような凄まじさがなければ、生来の言語でないものを操ることはできないだろう。緩い勉強しかしておらず、英文学専攻とは言いつつ、英会話は今でも苦手、原書で本を読むことはほとんどなくなった自らと比して、冒頭から息詰まる展開である。

言葉、消え去る言葉と残る言葉、通訳と翻訳者、女と男に役割を持たせているが、これは言葉を探っていく物語だと思った。至上の愛というレビューもあったが、それは一つのテーマではあっても、主流ではないのではないか。

「あなたには最もふさわしい表現を求めて悩み、考え尽す時間がある、人間の生の声を訳す私には十秒もない」と通訳の道を選んだ戒能悠子、一方日本語のジレンマと闘いながらも再考のできる翻訳を生業とした成川弘之、彼らの言葉を挟んだ物語である。一秒一秒を切るように生きる、いや境涯の制約からもそんな生き方しかできない悠子は、すべてを即断自決、結果的に弘之を傷つけ別の人と結婚する。しかし、彼らの関係は制度では括れないものであった。まさに言葉、ロゴスを獲得することに、そのために闘うことが絆としての関係、それが心の奥底にあり、見えないところで続くのである。

乙川優三郎は歴史ものの作家かと思っていた。最初、どこか滑らかでない文章に馴染めず、入りこめない部分があるが、その翻訳家が言葉を探すような、微妙なあわいから湧き出る表現に魅かれるようになる。

蛇足であるが、弘之の結婚相手が司書、その職業性を「弘之は彼女のあまり変わることのない表情を見ながら、司書という仕事を選んだわけがなんとなく分かる気がした。大勢の人と触れ合いながら、深く関わることのない職場であった。」とある。これに関しては、この作家の感じ方としか言いようがないけれども、意義を申し立てたい部分である。人と関わらなければ、司書の本当の仕事はできない。浅い関わりと深い関わりをどこで区別するのだろうか。

徳間書店刊

心地よい臨場感で響く音楽！

『蜜蜂と遠雷』

（恩田陸著　幻冬舎刊　２０１６）

一緒に芳ヶ江国際ピアノコンクールに参加したという妙な臨場感で最後の頁を閉じた。それほど圧倒される作品だった。まず周到に組まれた出演者コンテスタントの演奏曲目、それを見ただけでクラクラする。初めて知る国際コンクールの内実、そして厳しさ。主要登場人物、それぞれ個性を浮き上がらせる描き方も秀逸である。

まずカザマ・ジン（風間塵）の登場、颯爽となどという形容を軽く超えていた。パリのオーディションに現れ、学歴、コンクール歴、何もなし、ただし師事した人の欄にあったのは、伝説的世界的音楽家ユウジ・フォン＝ホフマンだった。それは、審査員を一瞬で畏怖感で凍りつかせるほどの威力だった。若干16

歳、天然というか全くの自然児、父親は養蜂家で世界をめぐる。ピアノもなく正式な学校教育はうけていない。独特の感性はそこで培われた天才。そしてその演奏ぶりは、審査員がド肝を抜かれ、あるものは嫌悪感を催すほどの、全く類を見ないスケールである。

栄伝亜夜、内外のジュニアコンクールを制覇した彼女は突然舞台から消えたのだ。それは師でもあった母の突然の死による。13歳の時だった。消えた天才少女、しかし彼女の音楽性は途切れることなく脈を打ち続け、それを見守っていた人の支えで、この舞台に登場した。

高島明石、彼自身は楽器店の店員、結婚して子どももおり、コンクール出場者では最高齢の28歳、これが音楽家としてのキャリアの最後になると、その証を残したい思いでの参加である。いや、本音は違っていた。強烈な個性や自我が要求される世界で、生活者としての音楽をそれに対峙したかった。

マサル・カルロス・レヴィ・アナトール、日系三世のペルー人の母とフランス人の父を持ち、5歳から7歳まで日本にいたことがある。ジュリアード音楽院、才能に恵まれアスリートとも見まごう体躯と、人を虜にする風貌である。

幻冬舎刊

彼の音楽体験は日本で、ある少女によって導かれた因縁があった。

彼らが軸となって物語は展開する。互いが競争相手でありながら、音楽への共感性を持つ彼らの関係は、多分に現実味はないと思いながらも、読んでいて心地よい。巨匠のホフマンが〝ギフト〟と称した風間塵、彼がホフマンから託されたものは何か、それはミステリーのように審査員はじめコンテスタントたちを翻弄しながらも、ロンドのように導くものがあった。コンサートの第一次から第三次まで、審査が進むのと同じように読者にも解明されていく。そのあたりの筋の運びが素晴らしい。作者の音楽観が随所にちりばめられ、曲の解釈にもいい意味で驚かされる。

私自身演奏曲で全く知らなかったサン＝サーンスの「アフリカ幻想曲Op.89」をはじめYouTubeで聴きながらの読書も楽しく豊かなものであった。本選の結末は本文には書かない抑えた結び、ここまでくると読む側はコンクールの順位はどうでもよくなっている。筋の運びにもよるのだろう。稀にみる臨場感あふれる、そしてスリリングな小説だった。

その昔の春の一日、憶えていますか？

『井上ひさしから、娘へ：57通の往復書簡』

（井上ひさし、井上綾著　文藝春秋刊　２０１７）

「その昔の春の一日、憶えていますか？
銀座の町を、はずむように踊るように歩いていた父の後ろ姿。きれいな緑とも青色とも言えない初夏のような空の色。父は恋をしていました。私たちは父の恋を喜びました。白いシャツにグレーのズボン。所在なく肩に掛けたカバンで揺れている父の姿」

ここは秀逸である。大げさな言い方をすれば、この一節だけでもこの本はすばらしいと断言できるほど。井上綾、井上ひさしの次女、何らかの事情で結婚も解消し、子どもとも別れ、一人暮らしをしていた。

「綾くんは、きちんと二本の足で、しっかり立っていますか？」「はい、綾さ

文藝春秋刊

んは二本の足で、しっかり立っていますよ」井上ひさしから、タウン誌「月刊いちかわ」の編集長への電話で、綾は「月刊いちかわ」で働き始める。バイトを掛け持ちしながらの、その日暮らし、かつ根無し草のような時から、この往復書簡は始まっていた。

ものすごく辛いことや悲しいことが書いているわけではない。それなのに、何度も頁を繰る手を止めた。予期しない哀しみを誘うのだ。「宇宙のみなしご」のように、生きることに不器用な綾さん、細やかな感受性、そして親譲りの文章力である。本人はうまくないと謙遜するが、上記の文章には、ワンシーンをまるで絵画のように取り込んで、心情を語る。並外れた表現力である。

井上ひさしは書簡の中で、幼年期からの自分を振り返りながら、それまでの出来事や思い出を通して、自分の対処の仕方を客観視しつつの反省と助言がある。例えば「〈見たいものしか見ない〉位置の取り方も大切だが、それに加えて〈見たくないものもきっちりとみる〉という勇気も併せ持つこと。そうやって人間は、すこしずつ「おとな」になっていくのではないでしょうか」引用。「わたしたちの手が何のためにあるのか……だれか大切な人の心を抱き締めるためにあるのです」という川の底で光っているような言葉。

一方綾さんの目を通した父親は、それまで知らなかった家庭での風景を浮かび上がらせる。「理由なく怒ったり、乱暴な言葉を吐いたり人によって態度を変えたりはしませんでした」という穏やかな人柄であった分、「日曜日のお父さん」？のようなリラックスした姿は思い出せないという。どこか窮屈だった、いつも仕事と本に埋もれていた。

日々の糧を得るための生活の中、どんな時でも大好きな本を手放さず、「一瞬一瞬を宝石のように扱いながら」生きようとしていた父に倣って、生きる練習をしている綾さん、心から静かな応援をと思い本を閉じた。

余話。拙書『司書はゆるりと魔女になる』の「ことばの力」に書いたボローニャでの夏休みの試みのことが、「市川のよみっこ運動」として紹介されていた。ちゃんとあの試みは、市川において実践されていた。

孤独な人が孤独を認めた

『夫・車谷長吉』

（高橋順子著　文藝春秋刊　２０１７）

『赤目四十八瀧心中未遂』が直木賞を受賞した時も、それが映画になってかなりの評価を得た時も、避けた。鋭利な刃物のような風貌の作家を敬遠していた。また、詩はよく読むほうなのだが、これも何故か著者である高橋順子は手に取っていない。だから、この本はすべて初物という感じで読みだした。

上質なラブストーリーだった。痛々しさを想像したがそうではない。ただならぬ気配を持つ小説家と詩人のカップル、遅い結婚ではあったが「私は長吉を見届けるつもりだ」という決意が示すように、高橋の筆は余裕を残して泰然としている。時々を捉えた彼女の詩から伺える、柔らかで静謐《せいひつ》な眼差し、行間に潜む諧謔と悲哀を感じつつも、久々に読み進むのがもったいない本に出会えた。

車谷が高橋の詩を気に入って（孤独な人が孤独を認めたらしく）絵手紙でのラブレターに始まり、行き違いのようなすれ違いのような関係がしばらく続く。「一つ家に作家と詩人の表現者が二人いるのは、虎が二ひきいるようなもの」という危惧感を周囲に持たれながらも、結婚にいたった。そのあたりまでの車谷の様子に、私は静かな感動さえ覚えた。一般的な男の狡《ずる》さがないのだ。恋愛において垣間見えるその特有の狡さがない。驚くべきこと、彼は妻を怖れつつ本当に敬愛していた。こんなピュアな思いを受けた高橋は、生きる意味をすべてこれにこめられたのではないか。

　しかし、彼の小説のモデルになった人には、怒りを通り越して絶縁されるなど、多くのトラブルもあった。大岡信夫妻と復縁？したのは、車谷の死後らしい。小説家の妄想は、実在の人を借りてフィクションの世界に勝手に移行し、多くの人を傷つけた。また強迫神経症が治癒することがなかった病状等にも、諸々の事実をきわめて客観的に綴る文章が端正である。

　詩人と小説家は、講演、取材等国内にとどまらず外国へもよく出かける。ピースボートにも二人で乗船したことがある。表現者にとって、旅は必然であり必

文藝春秋刊

須条件なのかも。身近なところで隣の宮城県中新田町（現在加美町）に、宗左近の主導で始まった「中新田未来賞」なるものがあったという。その選考委員を務めていた高橋が、その帰りだったのだろうか、夫婦で芹沢銈介美術工芸館に立ち寄り、学芸員であった友人と会っていた。これも驚きだった。

蛇足、これは叶わなかったらしいが、車谷はプラハでカフカの生家に行きたいという希望があった。衝撃的なあのカフカ博物館、あれは車谷の精神とまさに呼応するものだったのではと思うのである。

ライブラリアンの母の思いを受けて
『ラオス　山の村に図書館ができた』

（安井清子著　福音館書店刊　２０１５）

ある意味衝撃的な本であった。著者がＮＰＯからの資金？で図書館を建てたのだろうか。タイトルをみて漠然と思っていた。それが全く予想外の物語があった。著者がＴＶ番組の海外取材で一度だけ会った武内太郎さん、人柄のいい好青年だったが、別のロケの時にパキスタンで不慮の死を遂げた。その死を契機に太郎さんの両親との交流が始まった。母親桂子さんは、東北大学のあと長いこと宮城教育大学附属図書館で働いたとある。そして太郎さんが最初の海外の仕事場であったゲオバトゥ村に、図書館を建てたいという願いを持つ。それに応えて著者は一大決心をするのだ。その決断力そして実行力、現地の人々はじめたくさんの協力を得て、山の村に「たろうの図書館」ができた。

福音館書店刊

もともと「子どもたちにお話を伝える仕事がしたい」と思っていた著者は、タイからカンボジア難民キャンプに行き、そこでモン族と出会い、ひいては図書館をつくるという、まさに運命のような導きがあったのである。

ゲオバトゥ村に武内桂子さんと訪れ、村人の意向を尋ねると、息子を失った母親の気持ち共有してくれ、建設は決まった。日本人の建築士シンサクくんを巻き込み、電気、ガス、水道のない村に住み始める。大家族のザイカウ爺さんの家へ、ラオスは標高が高く結構寒い。お湯も暖房ももちろんない。火をおこす、そんな作業にもなかなか慣れない。料理も小鳥の頭をぶった切ることから始まるのだ。

そんな生活の不便はあっても、生き生きと生活する人々の描写がいい。正月の行事、自然とともに生きてきた彼らの流儀がある。自分には見えないものを見、感じる力をもっているモン族、伝えられてきたものを蓄積して次の世代に伝える図書館をつくりたいと、著者は考えていた。

村人にまず図書館とは何か、意味を伝えるために絵本を見せたり話をしたりの活動を始める。建設の方は、シンサクくんが村にある材料をできるだけ使おうという主旨で土壁を提案、そのための藁、竹の準備も皆が協力してくれる。一方柱に使う材木は森林局へ行って申請伐採してもらわなければならない、面倒な手続きがいる。床はまた別の所から切り出し、板を背に括って運ぶのだ。すべてがマニュアル、それでも徐々に図書館の建物はできてゆくから不思議でもある。床暖房に使う石も山から人力で切り出すのだ。便利さとは遠い、ある意味気まぐれな彼らの時間とつき合いながら、ゆっくり図書館をつくる著者、その人柄が文章から染み出すようだ。モン族のさまざまな人々との交流、特に一緒に暮らした家族や、刺繍の上手だったツィー婆ちゃんが残した山の絵は素晴らしい。その民族固有の文化の深さを知らされる。因みに私の手元に友人から贈られたラオスの刺繍絵本がある。モン族の刺繍とは少し違うかもしれないが、これもまた素晴らしい。

作って終わりの箱ものにはしたくなかった。村の人が運営して使わなければ意味がないと考え、図書館スタッフも現地の人を雇った。モン族は文字がない。口承で文化が伝えられた。絵本にはラオス語の訳語をはる。子どもたちも最近はラオス語を学校で習うようになったが、モン語を訳すにはまだ遠い。つまりどうしても自分で読むより、読み聞かせしてもらうのが大好きなのだ。それでも、図書館にはたくさんの人が集まり、村の集会所託児所のように役に立っている。図書館の原点がある。そして想像するだけで心温まる。

焚書に対抗して
『戦地の図書館：海を越えた一億四千万冊』

（モリー・グプティル・マニング著　東京創元社刊　２０１６）

第二次世界大戦中、戦勝図書運動というのがあった、その事実にまず驚いた。アメリカは、戦場にも本を送っていたのか、それもヒトラーの焚書に対抗する意味を持っていたとは！　本の疎開以外では結びつかなかった〝戦争と本〟というテーマはこちらの乏しい想像力をはるかに超える事実だった。情報戦が戦争を制す、これもそうなのか、読後も疑問はどんどん膨れ上がるばかりである。

ドイツは現在「空白の図書館」が作られているベーベル広場で１９３３年５月10日、〝非ドイツ的〟書籍と文書を燃やした。これはナチスの扇動のもとドイツ各地に拡散していく。連合国側では、戦争が軍だけの戦いではなく、文化・思想との戦いであるという見方がされるようになっていた。

東京創元社刊

アメリカでの戦場への書籍供給は南北戦争に始まり、第一次世界大戦でも訓練基地にそれを送っていた。そして1921年陸軍図書館局が設置され、それがアメリカ図書館協会の先導のもと戦勝図書運動へと連なっていく。

戦地へ送る書籍の選定、その形態（ペーパーバックの普及）それが兵士のみではなく、疲弊していたヨーロッパの出版界にも活力となり、禁書となっていたアメリカの作品を出版したのだ。

戦場で孤独な兵士の心を慰めたのが本であったこと、その士気を高めるための役割、人間の基本はどんな過酷な状況にあっても、求めたものが文学であることの不思議を改めて思う。そんな余裕などないのではないかと思う、浅薄な想像力を超えるものだった。フィッツジェラルドの『グレート・ギャツビー』は兵士たちに読まれ、それまでの評価を覆しアメリカ文学を代表とする作品となった。一方、ヨーロッパでの禁書の著者を見るとヘミングウェイはじめ、トーマス・マン、H・G・ウェルズなどが散見されるが、この数一万人以上であったという。恐ろしい。

戦争の妖怪さは、ここにもあったかと思う。戦争中でも基底に図書館があるという、アメリカの凄さ、これがイラク戦争にまで続いていたのだろうか。米兵たちはチグリス・ユーフラテス川が文明の発祥地ということも知らなかったと報道された。その戦地の図書館については情報がなくてわからないが、もしあったなら、あのような蛮行に及んだろうか。気になるところである。因みに焚書等で失われた書籍数が一億冊以上、一方アメリカ軍に供給された書籍数は、それを超えていたのである。

人類の歴史は本の歴史でもある

『世界を変えた100の本の歴史図鑑：古代エジプトのパピルスから電子書籍まで』

（ロデリック・ケイヴ、サラ・アヤド著　原書房刊　2015）

大方この類の本は、表層的でつまらないという見解は、数頁読むことで雲散霧消した。内容が深く広く、少しはあるつもりの、本への自負心も吹き飛んでしまう。

まず100の本の選び方である。本のベスト100選でもなく、最も美しい本、最も影響を与えた本も選んでいない。ただすべての地域から選んだという。そこから見えてきたものは、美しさや、歴史上の重要性をも含め不思議なほどの普遍性だった。頁を繰りながら思った。歴史上、地球には未知のこれほどの素晴らしい遺産があったのだ。これらは決して電子媒体にはならない重層的な文化を持っている。

個人的に興味深かったものは、文学的・芸術的傑作として『源氏物語』があり、『鉄腕アトム』が現代の出版物が持つ双方向的な一例（漫画雑誌、単行本化、ＴＶ化、ゲーム化、そして電子書籍）として挙げられていた例。また20世紀になり司書の仕事が専門化して、図書館サービスが向上したことなどにも言及がある。現役時代に目録をとったポップアップ絵本（『グランド・サーカス』メッゲンドルファー作：複製版）*は、印刷の発達により作成された画期的な本だったことにも驚いた。そして、イレーネ・ネミロフスキーがアウシュビッツで書いた『フランス組曲』のノート（青インクの美しさが際立つ、頁全体に書き込まれた原稿）に感動を覚える。

本の歴史は人間そのものの歴史である。記憶のためにあらゆる媒体を使ってそれを残した。訪れたベルリンの「ペルガモン博物館」の展示品が並行して何故か眼前に浮かぶ。読後に一つだけ確信したことがある。紙の本は決して滅びないだろう。人間は、電子媒体では表現できない形を持ったコーデックスの美しいものを作り続けるであろう。

＊『新選アンティックホップアップ絵本傑作選』ほるぷ出版刊の一部

原書房刊

スベトラーナ・アレクシェービッチの手法で

『雨ニモマケズ：外国人記者が伝えた東日本大震災』

（ルーシー・バーミンガム、デイヴィッド・マクニール著　えにし書房刊　２０１６）

震災関連のものは、私自身まだ避けたい部分がある。ＮＨＫ放映のＴＶドラマ、役所広司主演の「絆」も途中まで見て止めた。あの恐怖はこんなものではないという不満と同時に、一挙にその時が蘇る怖さ等々で、この本も恐る恐る手に取った。しかし読み始めると文章の力に圧倒された。ぐいぐいと読ませる力強さ、そして当時見過ごされていた情報に気づかされる。ノーベル賞作家のスベトラーナ・アレクシェービッチの手法だった。丹念に個人の被災状況を追うと同時に、時々の政府見解、東京電力そして世界が語られる。

当時はただその時をやり過ごすのに精一杯で、全体が全く見えていなかった部分がある。日本をよく知る二人のジャーナリストの優れた記録である。本当の意味でのジャーナリスト魂を持ち続けた人たちだから、やりえた仕事に思える。

インタビューをした主要な人々は、次の6人である。のちに日本で最も有名になった人物の一人、南相馬市市長の桜井勝延は、惨状を知らせ、世界に支援を働きかけた。福島の漁師イチダ・ヨシオはとっさの判断で自分の船を沖に出した。船は守れたが、原発のメルトダウンによる大きな試練が待ち受けていた。原発作業員ワタナベ・カイ、彼は原発に近いところで少年時代を過ごし、今も原発プラントで働く。他にどこへ行けばいいのかと、最も劣悪な職場を放棄せずに働き続けている。陸前高田で津波で夫を亡くしたウワベ・セツコ（彼女は保育所の調理師だった）、日本人以外の震災体験者、東松島市で英語を教えていたディヴィッド・チュムレオンハート、勇敢にも津波で人を助けたテキサス出身のタイ系アメリカ人、そして大学入学を目前に控えていたサイトウ・トオル、彼の住む牡鹿半島荻浜地区は津波に飲み込まれ、その未来は一転した。臨場感迫る彼らの記録である。

読みながら、さまざまのものを隠し続けた政府はもとより、再度怒りがこみ

えにし書房刊

上げたのは東京電力、避難民たちへの心ない対応は、今もって許しがたい。いつの間にか消えていったトップの責任者たち、大震災直後、日本はきっと変わるだろうと確信した部分もあったのに、現在はどうだ。菅首相を引きずり下ろしたのは、彼が反原発を言ったからだ。マスコミを取り込んで、巨大な権力が動いたことがよくわかる。訳のわからない野田を首相にしたのは織り込み済みだったのだ。

自民党に政権が移り、原発ゼロの政策はうやむやどころか、推進に舵を切った。停止されていた各地の原発が動き始めている。あれほど悲惨な事故をものともしない日本の中枢は、能天気としか言いようがない。それでも救われるのは、震災直後の人々の対応、世界でも絶賛された協調性と秩序、そして我慢強さは、虐げられてきた東北人の持つ悲しい性かもしれない。宮沢賢治の詩を所々に織り込みながら、その心情を語る。そして、取材された人々は過酷な運命をゆっくりと受容し、少し前を向き始めた様子がエピローグで語られる。一筋の光が差す思いである。

心が凍りつく幼少期

『永山則夫：封印された鑑定記録』

（堀川惠子著　岩波書店刊　２０１７）

衝撃、それ以外の言葉がなかった。読みだしたら、信じられない事実が読者を引きずり込む。連続殺人犯の精神鑑定を、丁寧に丁寧に行った精神科医石川義博が作成した鑑定書がそこに横たわっていた。まさに小説のようだった。そして様々な思いが錯綜する。昭和43年、私が大学生の時、同年代の少年が起こした事件、彼は後に『無知の涙』という本を獄中出版する。無知が、貧困が事件を起こしたとする本人の手記もまた衝撃だった。その重さをいつもどこか抱えながら、彼の死刑執行を聞いた。

しかし、この本にあったのは、彼の幼少期から事件を起こすまでの、寒々とした精神風景である。虐待という言葉さえ軽い、厳冬の網走への子捨てに始ま

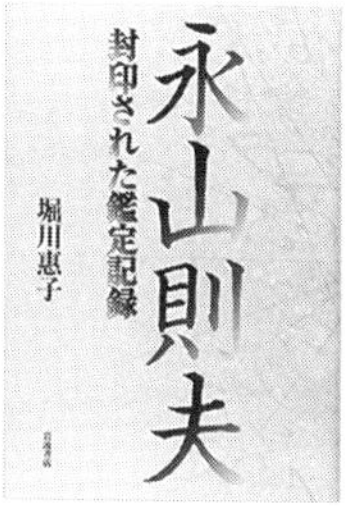

岩波書店刊

る徹底したネグレクト、それが母親だけではない、長女を除く兄弟の暴力を伴ういじめ、無視、成人して上京してからもそれは変わらなかった。学校へも行かず、友達もなく、孤立無援の彼の心情が引き起こしたものは、怯えと恐怖、拳銃を向ける相手へは憎悪ではない、恐怖を撃ったのだ。

石川医師の今で言うカウンセリング手法の精神鑑定は、それまでにはなかった言葉を永山から引き出す。事件から数年経って行われたそれは、多分に獄中での彼の精神的安定？がもたらしたものなのか。

子捨てを問うた時、永山の母が笑みさえ浮かべていた。それに違和感を持った医師は、母親の生い立ちも調べた。そこにあったのは、同じく捨てられ、愛情のかけらもなかった壮絶な人生であった。人は経験したことのない感情はわからないという真実！愛情を得られなければ、自分の子どもにもそれを持てないのだ。ぞっとする真実である。

今ならばＰＴＳＤ（心的外傷後ストレス障害）という症例にあてはまるだろうが、当時石川医師はそれを予見し、脳の機能障害の見地から鑑定書を書いている。しかし、これらの並外れた鑑定書が、裁判ではどう扱われたのか。裁判は荒れたと報告がある。調書と違う鑑定書は糾弾の対象となり、また、鑑定書の医学用語は逆に永山からの批判を引き出す結果となった。なんとも不条理な結末である。二審ではその鑑定書が生きた部分もあったが、最高裁では石川鑑定は完全に封印されて死刑の判決が出たのである。

そして気になる事実がもう一つある。永山は『カラマーゾフの兄弟』や『罪と罰』（読了はしていない様子）を読んでいた。凶悪な犯罪が起きるたびに私自身思っていたことがある。本を読んでいればそれは防げたのではないかと。しかし、ここにまた別の事実があった。それをどう読み込むか、出自と環境と、本を読むことにも背景は否定できないのだろうか。

本には写真が二葉、一つは女の子と見紛う可愛い幼少期、そしてもう一つ、鑑定を終えた時の柔らかな表情、笑みさえ浮かべている。凶悪犯罪者の顔はそこにはなかった。

あとがき

話題になった映画『人生フルーツ』ほどの実りはなくても、我が家のささやかな家庭菜園では、ある程度の収穫がある。その畑仕事は母の死後に始めたので、今でもって初心者の域を出ていない。今年は雨が極端に少なくて、毎日朝夕に水をやる仕事がルーティンだった。その水やりをしながら、「あんたのバラの花をとてもたいせつに思っているのはね、そのバラの花のために、時間をむだにしたからだよ」という『星の王子さま』の言葉が、ストンと胸に落ちた。同じ行為の繰り返し、どれだけの時間を費やすのか、それは人間に対するだけではない。大げさな言い方をすれば自然や物に対しても同様なのではないか。自然の摂理に対してもそれがあったとは。こんな普遍性を隠し持っていたなんて、驚きだった。サン=テグジュペリはすごい。名作の名作たるところなのだろうか。そして改めて、本の不思議に出会った気がした。

この本も、編集者の登坂さんから、「『言葉』から本を書いてみてはどうでしょう」という提案から着手した。これまでの「魔女シリーズ」とは違う「言葉」を切り口にして、人生に大きな影響を与えた本をたどることにした。気がつくと、とっくに折り返しが過ぎている我が来し方を振り返る機会にもなっていた。最初は全く単純に、時系列的に本を取り上げるつもりで再読を始めた。

しかし、それはいつのまにか本と私の物語になっていた。通常のブックレビューという筋からは、どんどん離れていった。とにかく印象深かった本を選んでいくと、人生の分岐点に大きな示唆を与えられた本が並んだ。学生時代の鮮烈な想い、離婚、病気、それぞれ選択を迫られた時の救いだった。それらが相まって自分の中で形成されていったもの、フェミニズムも大きな一つであるが、その契機となった本もある。また旅をする過程で、どこかで再会したりする本の不思議もあった。

読んだ当時とは明らかに違う読み手の自分を、二重にも三重にも写して見えてくるものがある。と同時に、そこには収まらない、旅や映画と関わるトピックスも出てきた。本編よりもそちらのほうに、話題が広がっていった。最初の読書時には想像でしかなかった外国の地も、多々訪れるようになっていた。それらも織り込んでいった。そして、同じ作家の印象に残った本のことも言及している。

さらに驚くべきことがあった。当時読み過ごしていた作家たちの「図書館」との関わりである。これは、私にとっても予期せぬ驚きであり、喜びだった。研究論文にはならないが、断片的に散らばっていたものが、少しは集約できるかもしれない。遅々とした作業ではあるが、これは興味深く、続けていきたいテーマともなったのである。

この本が上梓されると、自費出版を含めて一〇冊目の本となります。ほとんどの本を手がけていただいた編集者の登坂さん、勝手気ままな私を支えていただき感謝するばかりです。そして表紙を飾った魔女人形を発見して下さった郵研社の坂本さん、ありがとうございます。また家族、友人、教え子たちの励ましがあってこそ、ここまで来ることができました。心よりお礼申し上げます。

二〇一七年十月

著　者

本と映画（*）の索引

ア

カ

サ

大島真理（おおしま　まり）

1948年宮城県生まれ。山形大学卒業。東北大学附属図書館、91-92年アメリカウェスト・バージニア工科大学図書館にてインターン。元東北福祉大学准教授（図書館学）、エッセイスト。著書に『無口な本と司書のおしゃべり』『ふるさとの臥牛に立ちて』『司書はときどき魔女になる』『司書はふたたび魔女になる』『司書はなにゆえ魔女になる』『司書はひそかに魔女になる』『司書はゆるりと魔女になる』等。

図書館魔女《としょかんまじょ》の本《ほん》の旅《たび》

2017年12月7日　初版発行

著　者　大島　真理
発行者　登坂　和雄
発行所　株式会社　郵研社
〒106-0041　東京都港区麻布台3-4-11
電話（03）3584-0878　FAX（03）3584-0797
ホームページ http://www.yukensha.co.jp
印　刷　モリモト印刷株式会社

ISBN978-4-907126-13-1　C0095
2017 Printed in Japan
乱丁・落丁本はお取り替えいたします。